Dossiers et Documents

Collection dirigée par
Anne-Marie Villeneuve

De la même auteure chez Québec Amérique

Montréal à l'encre de tes lieux, Montréal, 2008.

SE RÉINVENTER
Visages de la vitalité humaine

Catalogage avant publication de Bibliothèque et Archives nationales
du Québec et Bibliothèque et Archives Canada

Meney, Florence
Se réinventer : visages de la vitalité humaine
(Dossiers et documents)
ISBN 978-2-7644-0737-0
1. Événements stressants de la vie. 2. Résilience (Trait de personnalité).
I. Titre. II. Collection : Dossiers et documents (Éditions Québec Amérique).
BF637.L53M46 2010   155.9'3   C2010-940047-X

Conseil des Arts **Canada Council**
du Canada **for the Arts**

SODEC
Québec ::

Nous reconnaissons l'aide financière du gouvernement du Canada par
l'entremise du Programme d'aide au développement de l'industrie de
l'édition (PADIÉ) pour nos activités d'édition.

Gouvernement du Québec – Programme de crédit d'impôt pour
l'édition de livres – Gestion SODEC.

Les Éditions Québec Amérique bénéficient du programme de subvention
globale du Conseil des Arts du Canada. Elles tiennent également à
remercier la SODEC pour son appui financier.

Québec Amérique
329, rue de la Commune Ouest, 3e étage
Montréal (Québec) Canada H2Y 2E1
Tél. : 514 499-3000, télécopieur : 514 499-3010

Dépôt légal : 1er trimestre 2010
Bibliothèque nationale du Québec
Bibliothèque nationale du Canada

Projet dirigé par Anne-Marie Villeneuve
Mise en pages : André Vallée – Atelier typo-Jane
Révision linguistique : Luc Baranger et Chantale Landry
Conception graphique : Nathalie Caron

Imprimé au Canada

FLORENCE MENEY

SE RÉINVENTER
Visages de la vitalité humaine

QUÉBEC AMÉRIQUE

À Frank et à mes enfants, côté lumière

À ma mère, côté ombre

Ce livre n'aurait pas vu le jour sans le généreux appui de mon éditrice, Anne-Marie Villeneuve, ni l'œil aussi sévère qu'acéré de mon père, Lionel Meney. Je tiens aussi à remercier Jacques Labelle pour son aide sans faille. À Frank, Élisa et Julien, mon univers familial chéri. À mes amis Michel et Denise, qui, depuis tant d'années, assurent une présence bénéfique dans mon existence.

De chaleureuses pensées par ailleurs à toutes ces extra-ordinaires personnes qui ont accepté d'offrir une part de leur vie au public par mon truchement, je les aime tous, ils sont devenus un pan de mon univers, et je leur souhaite longue vie et sérénité. Merci aussi aux spécialistes du deuil, de la guerre et de la toxicomanie, pour leur sagesse et leur rigueur.

Parfois, la vie a le tour de nous obliger à regarder les choses en face. Et même de nous faire un peu beaucoup honte de notre manque de générosité, de notre repli sur nous-mêmes.

C'était un certain automne pas trop lointain, et j'errais en moi-même. J'avais, de force plus que de gré, dû prendre une pause dans mon travail, me retrouvant face à mes états d'âme et une poignée de pilules. Situation difficile s'il en est, pour une personne habituée à se perdre dans l'activité frénétique.

Forte d'une légère mortification professionnelle, je me vautrais donc dans un spleen dépressif qui, dans mon cas, était plutôt confortable, étayé par les réminiscences d'une enfance difficile. Ce confort dans la douleur m'allait bien, me protégeait du quotidien, comme un berceau de ouate, au début du moins. Pourtant, rapidement, l'auto-complaisance a fini par me peser ; je tournais en rond dans ma petite déprime, en voyant très vite l'issue et les limites. Mon besoin d'action, impérieux, salutaire en fait, exigeait plus de moi que cette auto-flagellation stérile. Il me fallait me regarder dans les yeux. Or le constat s'imposait sans difficulté : Quelles étaient donc les raisons de me plaindre, de déprimer ainsi ? Vrai, j'avais eu comme tant d'autres une mère froide, peu aimante et, disons-le, carrément nulle, et, l'un résultant peut-être de l'autre, des galères de jeunesse. Une vraie dérive, même, pendant quelques années, le sentiment souvent d'être décalée. Rien au fond que de très ordinaire…

C'est ainsi que je commençai à me lasser de contempler mes égratignures, ayant rapidement tiré la conclusion que mon histoire personnelle n'était qu'une mamelle tarie à laquelle je ne pourrais téter bien longtemps. Côté souffrance, passif à surmonter pour continuer à croquer dans la vie, il me fallait trouver mieux. Et je n'avais pas pour cela à aller bien loin. Rangeant les pilules, j'allais commencer à m'intéresser aux autres ; très vite, je remarquai que la plupart des individus avaient traversé des tempêtes, essuyé des grains plus ou moins violents, chênes et roseaux ployant, cassant ou se relevant. Les défis ordinaires, les divorces, deuils, agressions, négligences, échecs professionnels. Ceux-là me ressemblaient plus ou moins. Mais il y avait, en cherchant plus avant, une autre classe de gens, ceux à qui la vie n'avait carrément pas fait de cadeau. Ceux qui avaient souffert avec un grand S, perdu des proches, traversé des guerres, des tourmentes insondables. Ceux dont on aurait pu croire que la vie allait les briser, avoir leur peau, les laissés échoués sur la grève, ombres d'humains dévitalisés, sans espoir non pas même de bonheur, juste d'un semblant d'équilibre et de foi en l'existence. Ces mêmes éclopés de la vie qui, contre toute attente, avaient pourtant choisi ou parfois s'étaient vus obligés de se raccrocher à la vie. Ceux-là avaient continué, duré, s'étaient relevés, reconstruits, réinventés, chacun selon son histoire.

Pour ces individus, l'éthologue et neuropsychiatre Boris Cyrulnik aurait parlé de résilience, littéralement de capacité de « resauter » dans la vie. Rebond, vitalité, volonté, force. Qu'importe le choix des termes ? L'important, c'est qu'ils avaient décidé de ne pas lâcher prise.

Dans l'océan de la vitalité humaine, j'ai donc choisi quelques histoires qui illustrent à mon sens différentes facettes de la force individuelle, que ce soit l'artiste se heurtant à sa fragilité, les parents dépouillés de leur première raison d'être, l'enfant de la guerre, celui de la rue, et celui des idéaux.

Comment Jacques et Chantal ont-ils eu la force (ils n'aiment pas le terme) de faire encore confiance à la vie, après la perte de quatre membres de leur famille, dont leurs deux jeunes enfants ? Pourquoi, comment, un Philippe Dubuc a-t-il choisi de continuer à créer après une faillite hyper médiatisée qui l'a laissé sur le sable sur le plan créatif ? Pourquoi Ali Nestor Charles a-t-il compris que c'est en tendant la main aux autres qu'il sortirait entièrement de la noirceur ? Un questionnement voisin de celui qui s'impose au regard du parcours de Fanny Wylde, devenue la toute première avocate algonquine malgré une enfance martyrisée. Il y a aussi France Castel, dont l'appétit de vivre explique sans doute en partie sa capacité à terrasser le démon de la dépendance. Et cette belle Vestine, comment a-t-elle su retrouver ce regard limpide, cette joie de vivre après toutes les horreurs traversées sur les routes de l'exil ? Il fallait aussi regarder de plus près le parcours du médecin polonais Henry Morgentaler, depuis son enfance anéantie par la guerre, pour ne serait-ce que commencer à appréhender la source de sa détermination à faire triompher sa cause, envers et contre la société d'une époque.

Sans prétendre offrir des solutions faciles aux crises de la vie, sans laisser entendre que ceux qui persistent à y croire jouissent de quelque manière que ce soit d'une quelconque supériorité sur les autres, j'ai cherché à comprendre leur parcours et à suivre leur route vers le mieux-être. En cherchant simplement à raconter leur poignante, triste et belle histoire, et, très égoïstement, en espérant peut-être puiser au passage un peu de cette sève humaine, de cette force vitale qui les anime et qui les pousse à vouloir continuer, à se réinventer, encore et encore.

PHILIPPE DUBUC
RENOUER LE FIL DE LA CRÉATION

LA FAILLITE

« On travaille très fort pour bâtir, pour créer quelque chose de valable, et puis, par la simple décision administrative d'une banque, on "tire sur la plogue". Et alors tout s'écroule. »

Sur le toit en terrasse d'un hôtel chic du Vieux-Montréal, trois ans après sa faillite retentissante, le créateur de mode montréalais Philippe Dubuc évoque cette période difficile. Période heureusement suivie d'un long chemin vers un retour à l'avant-scène et à la santé financière. Le ton est calme, posé, mais on sent que, si la blessure, déjà bien en voie de guérison, n'est plus à vif, elle n'en demeure pas moins encore douloureuse au toucher. Philippe n'a pas perdu un membre de sa famille. Il n'a pas traversé de guerres sanglantes, pas au sens littéral, du moins. Pourtant, il est tombé de haut, a vu son univers basculer, et a dû puiser très loin en lui-même la force de se réinventer sur le plan créatif.

Si vous êtes Québécois, et à plus forte raison Montréalais, vous vous souvenez sans doute de ce jeune créateur dont la fulgurante ascension s'est produite au début des années 90. Il faisait partie de la poignée de designers qui incarnaient le style *made in Québec*, l'élégance d'ici, non seulement au Canada, mais aussi sur la scène internationale.

Le style Dubuc, aujourd'hui comme à ses débuts, est moderne et épuré. Des lignes sobres, et malgré tout hardies. Une attention portée à la texture. Une griffe facile à identifier. Dans la torpeur de l'après-midi, devant un Perrier, ce très bel homme à la quarantaine élancée, au sourire charmeur, analyse à haute voix son style de création vestimentaire. Il le considère comme très enraciné dans l'identité québécoise, « comme on se définit, nous Québécois : francophones, à cheval sur l'Amérique et sur l'Europe. »

Le créateur dit posséder instinctivement le côté pratique d'un Américain, mais dans ses créations se retrouvent aussi une forme d'innovation et un raffinement plus apparentés aux grands couturiers européens.

Son style est souvent perçu comme un peu intellectuel, très urbain. L'architecture inspire également beaucoup le style Dubuc.

Au début des années 90, le nom de Philippe Dubuc était sur toutes les lèvres. Il présentait ses collections à Paris et était devenu une sorte de chouchou des médias. Une ascension de rêve d'une bonne dizaine d'années, et qui prendra brutalement fin quand la banque qui finançait sa jeune entreprise décide de retirer ses billes.

« Tout ce qu'on a mis onze, douze ans à bâtir, déclare avec amertume le créateur, s'est pulvérisé en l'espace d'une journée. »

« À partir du moment où ma faillite a été médiatisée, que la nouvelle est passée au téléjournal de Bernard Derome, je l'ai reçue en plein visage. J'ai vécu non seulement une faillite de société, mais je l'ai vécue *live*, à travers le regard des médias ». Et dans le prisme d'un milieu féroce envers ses propres membres, celui de la mode, où la rivalité fait partie du quotidien.

Tout cela appartient au passé, et pourtant la renaissance était loin d'être gagnée d'avance. Les obstacles étaient nombreux, complexes à transcender. Philippe aurait aussi bien pu baisser les bras.

AU DÉBUT ÉTAIT LA CRÉATION

Pour bien comprendre le parcours de Philippe Dubuc et ce qui lui a permis de refaire surface après sa faillite, il faut remonter aux origines. Et à une jeunesse heureuse, bien que plutôt atypique, dans le Québec de cette époque, les années 70.

Tout d'abord, Philippe Dubuc est issu d'une famille éclatée, hors norme, ses parents ayant divorcé alors qu'il entamait sa sixième année.

« J'ai toujours su que j'étais quelqu'un de marginal, raconte le créateur. J'ai eu une mère originale, très aimante, une vraie artiste dans l'âme, peu soucieuse des conventions, très éclatée et multidisciplinaire. Ce n'est vraiment pas une femme ordinaire, une mère typique ».

Cette différence par rapport aux autres, il l'a toujours sentie. Car si sa mère était la plus chaleureuse des femmes, elle cultivait l'autonomie chez ses enfants, par la force des choses : « Contrairement à mes amis, j'ai été livré à moi-même assez jeune. Quand j'allais à l'école, mes copains avaient leur lunch préparé par leur mère, qui était à la maison. Pas moi. Quand je rentrais, il n'y avait personne, j'ai donc appris à me débrouiller seul. » Il n'a cependant jamais manqué de rien, ni d'amour, ni d'argent.

Pour son père, aussi, Philippe n'a que des bons mots. Il évoque un homme possédant un grand sens de la justice sociale, très respectueux des autres, et qui l'a toujours encouragé.

Chez sa mère, la maisonnée n'était pas riche. À cause du divorce, elle multipliait les emplois. Elle a travaillé à Montréal, pendant longtemps à l'Office national du film, mais aussi à Expo 67, et également dans le domaine du théâtre. Tout cela n'est sans doute pas étranger à la sensibilité d'artiste qui très tôt s'est manifestée chez le garçon.

Assez tôt aussi, le jeune Philippe a eu conscience de son orientation sexuelle, qu'il assume pleinement, mais qui a tout de même contribué, là encore, à le marginaliser, en particulier à l'école. « Quand j'étais jeune, j'ai beaucoup fréquenté les filles. C'était mes amies. Je me suis fait souvent traiter de « fif » parce que je les fréquentais. Je suis gai, cela dit, c'est une chose qu'à l'âge de 14 ans on ne sait pas. » Lui, en tout cas, ne l'a su qu'un peu plus tard.

Justement, alors qu'il terminait ses études, Philippe a joué avec l'ambiguïté sexuelle : « Ce qui m'a aidé quand j'étais jeune, mais qui m'a sans doute aussi marginalisé, c'était qu'au début des années 80, l'androgynie était un style en vogue. »

Il se rappelle avoir connu une période de sa vie, de 17 à 19 ans, vivant, dit-il, de façon assez androgyne, ce qui se reflétait dans sa tenue vestimentaire. « Je ne me suis jamais travesti, jamais habillé en femme, mais je jouais sur le doute. » Devant ce bel homme encore jeune, en remontant le cours du temps, on imagine sans peine le jeune clone de David Bowie, qui a toujours été l'une de ses idoles.

Néanmoins, en grandissant, Philippe parvient assez aisément à s'intégrer, grâce à certaines aptitudes naturelles. « J'ai toujours eu beaucoup de succès dans les sports ainsi que dans mes études et, socialement, je me débrouillais bien ».

Il se décrit alors comme un jeune homme intense, ayant fait le choix de s'investir à fond dans tout ce qu'il entreprenait. Seule une mononucléose contractée au début de l'adolescence l'obligea un temps à ralentir, le faisant « crasher », comme il dit. Il a dû tout arrêter pendant six mois, un coup très dur pour le jeune garçon actif, turbulent même, qu'il était. « J'ai réussi à continuer à aller à l'école, pourtant c'est sûr que j'ai manqué beaucoup de jours de classe, me maintenant quand même au niveau. » Philippe adorait d'ailleurs l'école, même s'il n'était guère sage et faisait souvent des coups pendables.

Une constante, chez lui, deux revers à sa médaille, deux facettes de sa jeune personnalité : « À la fois, j'étais un "gars de party", et j'avais un côté sérieux. » À l'adolescence, le sportif, l'athlète qu'il était a quand même été mis un temps au rancart pour faire place au joyeux fêtard. Mais il a su ne pas dépasser certaines limites, « contrairement à mon frère Francis », dit-il gravement. Son frère, figure tragique, dont le parcours pèse lourd dans le legs familial. « Il était héroïnomane, mais vraiment de façon sévère. »

Philippe raconte que ce frère a été déclaré cliniquement mort à deux reprises. « Quand il a commencé à consommer, j'avais dix ans, mon frère en avait douze. Il était donc très jeune encore. » Très vite, ce frère en pleine crise a abandonné le milieu scolaire, monopolisant l'énergie de ses parents. « Cette affaire aussi a marginalisé notre famille » et a créé un milieu de tensions, de crise. « Aujourd'hui, nous sommes une famille unie, pourtant quand mon frère consommait, et jusqu'à vingt-cinq ans, pendant une longue période, nos relations familiales ont été extrêmement difficiles. »

Cette crise a fait en sorte que Philippe a peut-être bénéficié de moins d'attention à la maison. Il n'en fait pas un drame. On sent que les épreuves n'ont pas desserré les liens de toute évidence très forts qui unissent les membres de la famille. C'est d'ailleurs avec beaucoup de contentement dans la voix qu'il explique comment ce frère s'est totalement libéré de la drogue après des années de lutte. « C'est chez nous une source de grande fierté, et c'est entre autres grâce à ma mère que Francis s'en est sorti. » Et grâce aussi à sa volonté propre.

Période âpre et douce à la fois, que cette jeunesse, marquée par la dépendance du frère et aussi les tensions dues au divorce des parents, avec pour conséquence l'éloignement temporaire de la figure paternelle. « Père manquant… fils manqué », remarque Philippe avec un petit sourire. « Quand mon père s'est remarié, mon frère s'est senti rejeté. Pas moi. »

Se décrivant comme un type un peu opportuniste, Philippe s'est ainsi déniché une nouvelle famille, profitant des bons côtés des deux médailles : « Je me suis fait deux demi-sœurs. En fait, je les considère vraiment comme des sœurs à part entière. » Un peu caméléon de son propre aveu, Philippe s'adaptait, entre le foyer plus sévère de son père, où il se plaisait bien malgré tout, et celui plus relaxe, plus libre de sa mère. « J'adhérais plus à l'environnement de chez ma mère, mais tout de même, le divorce a fait en sorte que la famille était un peu déficiente, peut-être ». Très tôt, Philippe a choisi de compenser ces lacunes familiales en investissant dans les liens d'amitié. « J'avais beaucoup d'amis, un cercle très large. »

NAISSANCE D'UNE VOCATION

« Je ne viens pas d'un père tailleur ou d'une mère couturière. Je n'ai jamais vu ma mère coudre de sa vie. » Rien au départ ne prédestinait Philippe Dubuc à une carrière dans la mode. En revanche, il avait des inclinations artistiques, des talents en dehors de ses capacités athlétiques : « Dès mon très jeune âge, j'ai fait beaucoup de peinture, de sculpture, et j'ai joué du piano pendant cinq ans. » Il a opté un temps pour l'école de théâtre, mais n'y est demeuré qu'un an. Il s'était établi avec les siens à Rosemère, dans une maison ancienne, au milieu d'un grand terrain très arboré. Sa mère a en effet toujours eu beaucoup de flair pour trouver de jolies demeures, même si, se rappelle-t-il en riant, « c'était toujours le bordel chez nous, parce que ma mère était seule avec deux garçons. Pour ça, c'était pas drôle ! » Ses amis étaient d'ailleurs toujours surpris de voir son intérieur, eux qui vivaient dans des maisons plus ordonnées, plus aseptisées.

C'est à 17 ans qu'il a véritablement choisi de faire des études de mode : « À partir du moment où j'ai voulu aller dans ce domaine, au collège Marie-Victorin, j'ai décidé que cette voie allait devenir pour moi un moyen d'expression professionnel. » Il considère comme une grâce le fait d'avoir trouvé sa vocation si jeune. Aujourd'hui, à 43 ans, malgré les vicissitudes de la vie, il a parcouru un long chemin, et acquis une masse de connaissances. Et il n'a vraiment pas l'intention de laisser tomber ce métier.

« Déjà, dès mes débuts, je sentais peut-être intuitivement que le vêtement était pour moi avant tout un moyen d'expression, un moyen de définir qui l'on est. »

Avec humour et, surtout, beaucoup d'humilité, Philippe Dubuc ajoute que ce qui l'inquiète, par moments, c'est de se dire que le jour où il ne pourra plus exercer ce métier, il n'a vraiment aucune idée de ce vers quoi il pourrait se tourner.

Une question qui s'est posée de façon très brutale trois ans plus tôt, au moment de la faillite : « Est-ce que je continue ou pas ? Je ne sais rien faire d'autre… » Il dit regarder avec admiration les caissières en action chez Provigo, les trouvant rapides et compétentes face à un clavier, alors qu'à leur place, il serait en état de panique totale !

« Je vois comme une chance le fait d'avoir trouvé ce moyen d'expression qu'est la mode ».

À la fin de ses études, alors que certains de ses condisciples profitaient de l'été pour voyager ou se détendre, Philippe a plongé immédiatement dans la vie active. « J'ai tout de suite commencé à travailler dans le domaine. » Un milieu avec lequel il s'était déjà familiarisé pendant les trois ans d'apprentissage, dans un environnement qu'il qualifie d'agréable, mais plus « straight » qu'il ne l'avait imaginé. « Je m'attendais à ce que ce soit beaucoup plus créatif et éclaté », regrette celui qui était alors un adepte de la culture underground.

C'est dans ces années 80 que Philippe a commencé à « bouffer » de la mode sous toutes ses formes, forgeant ses goûts et ce qui allait devenir son style en tant que créateur à part entière. Les magazines, les boutiques, les courants internationaux. Cette époque lui semble avoir été particulièrement faste, bouillonnante de créativité, pour la métropole québécoise dans le domaine de la mode, plus peut-être que maintenant. « Il y avait de super belles boutiques avant la récession des années 80 ».

Déjà, le jeune homme rêvait de créer sa propre entreprise, sa propre griffe, cependant, cela n'allait se réaliser que plus tard. Pour l'heure, frais émoulu de l'école, il était engagé par ce qui était selon lui à l'époque LA griffe en vogue, la boutique IL N'Y A QUE DEUX, située à l'angle des rues Crescent et Sainte-Catherine. Comme si, d'instinct, il avait choisi un style qui lui ressemblait. « C'était l'équivalent de ce que je fais aujourd'hui, dans un autre style. Ils étaient très modernes. » Trois années y ont été consacrées à consolider ses connaissances. Quand l'entreprise a commencé à connaître des difficultés, il a dû quitter le nid professionnel, ce qui fut une bonne chose, car il en « avait pas mal fait le tour ». S'en suivirent deux voyages en Europe. Le sac au dos et l'esprit largement ouvert, il partit à la chasse aux idées, découvrant des entreprises et des tendances, en Espagne, en France et en Angleterre.

L'ENVOL

En 1994, à 27 ans, il fonde son entreprise de création de mode. « C'est allé vite ici. J'ai été très choyé par les médias. » Viviane Roy entre autres, rédactrice en chef du cahier mode de *La Presse*, l'a fait largement connaître dans le monde des médias, ainsi que Stéphane Leduc et son émission de télévision Perfecto. Il faut dire que Philippe avait le profil du succès, l'image idéale du jeune prodige de la création québécoise, aussi beau que jeune et talentueux. Rapidement, il attire et retient l'attention des médias, qui s'emparent littéralement de son histoire, celle des débuts d'un créateur.

Vraiment, malgré sa jeunesse, il était prêt. Il avait, c'est le cas de le dire, l'étoffe. L'étoffe, et déjà sept ans de métier, ainsi que des contacts. Un vécu. « J'avais organisé des défilés dans les bars. Je fréquentais des gens plus haut de gamme, des gens qui avaient un peu de sous et qui consommaient, des coiffeurs, des créateurs, ce qui est rare quand on a 19 ou 20 ans. » Avant la trentaine, il était déjà rompu aux rouages de la mode. Et à son univers très compétitif.

« Je pense être quelqu'un de compétitif, mais je n'écrase pas les autres, je suis dans l'action. Je n'écraserai jamais pour me faire valoir. Quelqu'un qui est meilleur que moi cela me donne la "drive" pour aller un peu plus loin, l'excellence me fait "performer". »

Avec l'essor de sa petite entreprise est venu le poids du regard des autres, la jalousie, parfois, dans un milieu qui peut être impitoyable. Philippe Dubuc en garde une légère amertume, tout en semblant penser qu'il s'agit là d'une donnée inévitable, immuable, avec laquelle tout créateur de mode doit pouvoir composer.

Bien qu'étant l'un des premiers Canadiens à présenter sa collection à Paris chaque saison, il n'a pas bénéficié de beaucoup d'aide, « parce qu'ici on ne veut pas prendre un cheval en particulier et le mener le plus loin possible. » Au Québec, on veut plutôt en donner un peu à tout le monde, selon lui. L'entreprise, hormis quelques coups de pouce gouvernementaux, s'autofinançait donc largement.

Petite équipe deviendra grande. « Avec mon associée Marie-Claude Gravel, nous étions tout de même arrivés à un chiffre d'affaires de quatre millions de dollars, ce qui est assez considérable pour un créateur canadien », souligne Philippe Dubuc. C'est pourtant bien modestement qu'il avait commencé, « dans ma chambre à coucher avec mon chum ». François Boulay, un conjoint scénariste auquel on doit le film *C.R.A.Z.Y.*, bien implanté lui aussi dans le creuset de la création artistique au Québec. Au début, tous deux logeaient dans un petit appartement, un trois et demi. C'est là que Philippe mit sur pied son entreprise. Il évoque le chaos de ce minuscule espace partagé entre vie quotidienne et création, avec le bruit du télécopieur qui se mettait en marche la nuit. Il est vrai qu'Internet n'existait pas à cette époque. Philippe, heureux de ses souvenirs, parle en souriant du lit mural qu'il s'était fait construire, puisque, le jour, il avait besoin d'espace pour travailler. Il raconte aussi les joyeuses allées et venues des camions de livraison, le minuscule appartement étant devenu une ruche permanente.

Philippe Dubuc est aujourd'hui encore associé à Marie-Claude Gravel, sa grande amie et sa complice. Ensemble, ils ont connu le succès et ont réussi à préserver leur relation à travers la tempête, le naufrage, devrait-on dire plus justement, malgré des coups de tabac parfois critiques : « C'est vrai que je suis quelqu'un de stable dans mes relations, pourtant tout de même, je suis Gémeau ascendant Balance. Je recherche surtout la stabilité émotive et psychologique », confirme Philippe au sujet de ses habitudes en amitié.

En effet, tant qu'il dispose de ces bases, le reste peut suivre. Le créateur se dit prêt à subir des contrecoups de l'existence. Pour lui tout est lié, et il juge que cette stabilité émotive a sûrement joué un rôle dans sa capacité à se reconstruire après sa chute. « Je me dis qu'une bonne santé psychologique va de pair avec une santé physique, et que cela nous fait fort pour affronter les durs coups de la vie. »

SE MOBILISER POUR DURER

Il voit la vie comme un combat de tous les jours, une course qui nécessite la mobilisation de toutes les forces vives de la personne. Une attitude résolument volontariste, qui ne laisse aucune place au fatalisme. « Tous les matins, en me levant, je me dis : "C'est une bataille aujourd'hui, il faut se battre. Il faut être performant, il faut être concentré, il faut être jovial, il faut montrer l'exemple". » Une vision de l'existence qui remonte à bien avant son revers de fortune. Il a toujours été comme ça.

On touche là à la racine de la résistance du créateur de mode : « J'étais peut-être en ce sens mieux préparé qu'un autre à affronter un coup dur. »

Philippe relate avec émotion l'année qui a précédé la faillite, une année excessivement difficile, alors que les activités de l'entreprise avaient déjà connu une réduction importante, à cause des difficultés financières. « Le dernier défilé que nous avons présenté, c'était à Montréal, pendant la Fashion week (Semaine de la mode). » Cette saison-là, il n'avait pu retourner à

Paris présenter sa collection, comme il le faisait depuis plusieurs années déjà, «parce que la banque nous faisait chier royalement, des mois avant la véritable chute».

Il aura fallu six longs mois avant le dépôt de bilan, la banque ayant commencé à se montrer inflexible à l'égard de l'entreprise et des obligations auxquelles elle était assujettie.

Une dureté que le créateur s'explique mal, et qui ne passe toujours pas, de toute évidence. «Nous avions récemment changé de banque pour rester avec notre directeur de compte, lui qui suivait notre dossier depuis cinq ans et que nous connaissions bien.» Au cours de ces cinq années, l'entreprise de Philippe Dubuc et de Marie-Claude Gravel avait évolué. Pour grandir encore, il lui fallait plus de marge de manœuvre. «La nouvelle banque nous a donné plus, mais pas tant que cela. Et, vous savez, cela coûte bien cher de changer d'établissement. On parle de quelque chose comme 15 000 ou 20 000 dollars.»

Et puis, sale coup du sort, le directeur de compte en question a été remercié, et la banque a choisi la ligne dure : «La banque a connu une restructuration, et notre dossier s'est retrouvé entre deux chaises, comme dans le film *Being John Malkovich*.» De la terrasse où il raconte cette histoire, il jette un œil sombre sur la bâtisse élancée qui lui fait face, dressé, tout noir, vers le ciel impeccable : «Cela s'est passé juste ici, Place d'Armes, juste en face, et cela ne me rappelle pas de bons souvenirs.» Pourtant, comme pour défier la banque et la rigidité de ses règles, Philippe Dubuc a justement choisi ce lieu pour relater son histoire. Étrange et significatif.

La banque a modifié la façon comptable de calculer l'avoir de son entreprise, et, en vertu de ces nouveaux paramètres, l'entreprise ne correspondait plus du tout au profil souhaitable. Trop risqué, peut-être. Philippe Dubuc, en tout cas, y a vu, sinon de la mauvaise foi, au moins un refus de faire preuve de souplesse : « Selon eux, nous ne respections plus nos ratios, donc nous ne respections plus le contrat que nous avions signé. »

Ce prétendu non-respect des engagements a entraîné l'imposition de pénalités faramineuses en intérêts à Philippe et à son associée, l'équivalent dit-il de « plusieurs milliers de dollars par mois. »

La facture a commencé à grossir, « alors que les ventes de la griffe Dubuc se portaient très bien », de poursuivre le créateur. « Notre boutique sur Saint-Denis était ultrarentable. Tous ses profits nous ont d'ailleurs permis de présenter nos collections à Paris. »

Son grand rêve, pourtant, et il semblait alors à portée de main, était de pouvoir aller là où personne n'était jamais allé avant au Canada dans ce domaine, de devenir une sorte de pionnier, « et cela, sans grand soutien de mon drapeau, qu'il soit bleu ou rouge ».

Mais quand on veut prendre de l'essor, en mode plus encore peut-être que dans d'autres secteurs, il faut pouvoir réinvestir, se faire connaître, avoir une grande visibilité. Tous les profits partaient donc dans la promotion, la publicité, les campagnes de promotion de toutes sortes. « Sur la scène internationale, nous étions sur le point de devenir rentables. » Il leur aurait fallu encore une année environ pour atteindre l'équilibre.

« Cela prend du temps dans ce domaine, c'est normal. » En fait, d'après lui, il faut environ dix ans pour se faire ainsi une place. « Une longue route, qui touchait presque à son terme », conclut-il, des regrets dans la voix.

Ce rêve finalement plutôt réaliste s'est atomisé sous les coups de bélier des pénalités bancaires : « Alors, ça a commencé à nous coûter excessivement cher. Nous avons dû supprimer plein de choses.» Au premier chef, l'expansion en Europe. C'est la mort dans l'âme que Philippe et Marie-Claude on dû annuler leur défilé à Paris cette année-là, se concentrant sur un événement beaucoup moins coûteux, celui de Montréal.

Tout cela dans un climat d'angoisse intense : «Quand j'ai présenté à Montréal, c'était au mois d'octobre, pendant la Semaine de la mode, mais je ne savais pas si notre entreprise survivrait.» Car la banque, encore elle, avait donné un ultimatum de huit semaines au créateur pour qu'il trouve un investisseur capable de l'épauler.

À peine croyable, «la banque a exigé que nous remboursions la marge de crédit en totalité. Vous vous rendez compte ? Huit semaines ! À un moment où nous étions en pleine production !». L'affaire était sans issue. Il a alors fallu appeler tous les clients avec lesquels l'entreprise faisait affaire, tant au Québec que dans le reste du Canada, pour les prévenir qu'ils ne recevraient pas la marchandise, «parce que nous n'avions plus d'argent, que la banque nous demandait de rembourser le prêt et la marge de crédit», déclare Philippe Dubuc d'une voix forte et encore indignée malgré les années.

Cherchant de l'aide auprès des institutions susceptibles d'apporter leur appui, les deux associés se voyaient ballottés d'un guichet à l'autre : «Tout le monde se renvoyait la balle.» Multipliant les démarches dans une tentative désespérée de sauver sa boîte, Philippe Dubuc dit s'être heurté à une grande indifférence. Comme si l'avenir d'un créateur québécois n'intéressait personne. Il a présenté un dossier de restructuration d'entreprise à différentes sociétés paragouvernementales, essuyant refus sur refus : «Lorsque j'ai récupéré la lettre après le refus final, j'ai vu que le dossier n'avait même pas été ouvert. Pourtant, cela faisait douze ans que je faisais affaire avec eux.» Quant aux dirigeants de la banque, «ils n'ont pas mis d'eau dans leur vin et ont été très "chiens"». La période de tension, d'incertitude fut excessivement difficile à vivre pour les deux associés. «On n'atterrit pas toujours très bien. Disons que nous avons fait une chute, une grande chute…», soupire Philippe Dubuc.

En effet, à partir du moment où la banque a retiré sa confiance à la marque Dubuc et jusqu'à la faillite de l'entreprise, la crise s'est étalée sur des mois. «Cela dure longtemps, si longtemps. On rentre au boulot, on compte les jours, les semaines, les mois… Huit mois de gestion de crise.»

Il fallait avoir les nerfs solides pour résister à la menace lancinante qui planait sur l'entreprise, lutter au quotidien afin de trouver de l'argent, s'arranger pour dissimuler la situation à l'extérieur, préserver l'image publique.

Le jeune homme était aussi pleinement conscient que sa chute allait ravir une partie de sa profession, au premier chef ses rivaux : «Dans mon domaine, on aime beaucoup "bitcher". C'est un milieu qui peut être extrêmement cruel.» Car, affirme le créateur, fort de ses années d'expérience, l'être humain est ainsi fait qu'il aime savoir que l'autre se plante. «C'est triste à dire, pourtant beaucoup de gens ont été contents d'apprendre le dénouement de notre histoire.»

Par contre, d'autres ont exprimé leur soutien, à commencer par une clientèle fidèle et compréhensive, puisque pendant toute cette crise, la boutique est demeurée ouverte. Travailler, faire front, alors qu'en coulisse, «on pédale pour se plier aux exigences de la banque, qui appelle tous les jours pour connaître les chiffres de vente de la boutique… le couteau sur la gorge…» Tout un défi. Les événements se sont ensuite précipités : fin novembre 2005, nouvel échec des négociations avec un investisseur potentiel qui leur conseille de faire faillite. Pour mieux n'en faire qu'une bouchée, sans doute.

« Tout ce temps-là, psychologiquement, c'est tellement dur ! On rentre au boulot le matin, et puis c'est oui, non, peut-être. Cela a été drainant, tellement épuisant ! »

L'un des mécanismes inconscients que Philippe Dubuc a mis en place pour tenir a été de s'adonner de façon intense à l'exercice physique. En riant, il précise : « J'ai compensé par le sport et l'alcool, beaucoup de sport et un petit peu d'alcool. » Car il possède, dit-il, cette capacité à se changer les idées même dans les circonstances les plus difficiles, et surtout à dormir, malgré les pires soucis : « J'ai, je crois, cette force-là de me coucher le soir et de pouvoir dormir. Mais il faut dire que nous étions réellement " brûlés " par l'attente, Marie-Claude et moi. »

Sciemment, les deux associés n'ont mis leur personnel – une quinzaine de personnes en tout – au courant de la situation réelle que le plus tard possible, pour les protéger. Et aussi pour éviter une panique qui n'aurait pu qu'être néfaste. Cependant, certains indices que l'entreprise allait mal ne pouvaient être masqués. « Bien sûr, il nous a fallu expliquer qu'il fallait faire attention à nos sous, et il semblait évident que nous coupions dans les budgets ainsi que dans les dépenses. Alors, nous avons jonglé avec les mots. »

UN CERTAIN NOËL

C'est le 24 décembre qu'un ultime espoir, celui d'un nouveau partenaire, s'est évanoui : « Dans le fond, c'est sans doute pour le mieux, parce que tout ce qu'il voulait, c'était nous avaler. Par la suite, il nous rachetait pour une " piastre ", et nous réendettait en plus ! ».

Pour la première fois, ce Noël-là, les deux associés ont décidé de fermer entre les fêtes, alors qu'habituellement, il s'agissait vraiment d'une période intense pour la production en vue du défilé de printemps.

« Nous avons donc fermé pour dix jours en nous souhaitant Joyeux Noël et Bonne année. J'ai dit à Marie-Claude : " Repose-toi bien, car quand nous allons revenir, il va falloir gérer la faillite." »

Le 2 janvier 2006, comme prévu, l'établissement financier a prélevé la totalité des revenus de l'entreprise. Il a modifié les accès aux comptes bancaires. Philippe et Marie-Claude ne pouvaient plus toucher à rien. Le fruit des ventes de la boutique allait directement à la banque, ce qui avait des conséquences importantes sur le fonctionnement au quotidien : « Ils ne voulaient même pas payer nos employés. J'ai dû emprunter de l'argent à mon chum, Marie-Claude au sien. Le moindre sou allait à notre personnel. »

Des employés très solidaires, et qui se trouvaient en première ligne face aux clients. « En janvier et au début de février, les clients n'étaient pas au courant, nos vendeurs non plus, même s'ils voyaient que cela ne tournait pas rond. » La vérité a éclaté au grand jour vers la fin février, avec la publication obligatoire d'un encart dans un grand quotidien montréalais, rendant la faillite publique. « Nous avions choisi *Le Devoir*, parce que nous le pensions moins lu que les autres journaux, ricane Philippe Dubuc. Malgré tout, le jour même, un journaliste de Radio-Canada est tombé sur l'information et m'a appelé pour confirmation : "Vous déposez votre bilan, monsieur Dubuc, j'aimerais une entrevue avec vous". »

Philippe Dubuc, encore sonné par les événements, en état de choc, a refusé de se prêter à l'exercice. Alors, le journaliste lui a indiqué tout net que, même sans entrevue, son histoire ferait la une aux nouvelles du soir. Cette couverture de sa faillite dans les grosses manchettes du téléjournal de Bernard Derome a été particulièrement traumatisante pour le créateur : « Ce soir-là, par exemple, je peux dire que je n'ai pas bien dormi… ».

Cet état de stupeur ne durera pas, et, dès le lendemain, Philippe Dubuc et son associée se concertent pour tenter de reprendre un peu le contrôle du message communiqué au public à travers les médias. Surtout que les deux associés n'avaient guère apprécié certains commentaires entendus sur les ondes : « Tout le monde y allait de son explication, de sa version. Des créateurs ont osé dire des choses telles que : Dubuc, il "flyait" bien trop haut. »

Fort de sa dignité et du sentiment d'être dans son bon droit, Philippe a donc accepté de répondre à toutes les questions, aux multiples demandes d'entrevues. Après tout, dans ce monde de la mode, de tels événements ne sont pas rares : « Nous ne sommes pas les seuls à être passés par là. Christian Lacroix s'est retrouvé devant le néant. Chacun ne connaît pas forcément le succès. Nous ne sommes pas tous des Yves Saint-Laurent. »

Dans une entrevue accordée à *La Presse* à cette époque, le créateur Philippe Dubuc déclarait : « C'est comme si on m'avait ouvert les veines et qu'on m'avait regardé saigner. C'est clair que c'est l'épreuve la plus difficile de ma vie, mais qu'on se le tienne pour dit : mes rêves ne sont pas tombés. Il n'y a personne qui va m'arrêter. »

REBONDIR FINANCIÈREMENT PUIS CRÉER DE NOUVEAU

Au fond du précipice, le moral en berne, les deux associés ont dû se poser la question de savoir s'ils devaient tout arrêter ou tenter de reconstruire.

Reconstruire, malgré un fort sentiment d'avoir été victime d'une injustice flagrante. « Quand je pense qu'alors j'étais la fierté du Québec, que je faisais la promotion de ma ville sur la scène internationale, et qu'il n'y a eu personne derrière moi, il est certain que la frustration s'est installée en moi. »

Malgré l'aide de membres de sa famille proche et de celle de son associée, Philippe voyait le combat de son entreprise contre la banque comme celui d'un David moderne contre Goliath.

Il décrie une fois encore l'attitude de l'institution financière, d'autant plus inconcevable et immorale, martèle-t-il, que « rebâtir nous a coûté aussi cher que ce que nous devions à tout le monde. En fait, dans une faillite, c'est la banque qui prend tout. Absolument tout ».

Il avait alors perdu jusqu'à son nom, qu'il avait mis en garantie, une pratique courante dans le métier.

En repensant à cette époque, le créateur évoque un tourbillon qui les a emportés : « Nous luttions tellement tout juste pour survivre que, si on me demandait pourquoi nous avons décidé de continuer, je dirais que je n'en ai pas un souvenir clair. »

Il pense cependant que c'est la fierté qui les a fouettés. D'un point de vue plus pragmatique, une alternative s'offrait à eux : « Je pense que nous nous sommes dit : Qu'est-ce qu'on fait ? On lâche prise ? On se fait bouffer nos maisons ? On perd tout ce qu'on a et on repart chacun de notre côté, ou on rassemble nos forces et on repart ensemble ? » Car autant lui que Marie-Claude auraient pu trouver une place ailleurs, travailler pour d'autres entreprises, sans doute avantageusement. Viscéralement, les deux associés ne pouvaient abandonner l'espoir de sauver les meubles et leur petite mais solide équipe d'employés auxquels ils étaient et demeurent attachés. L'essentiel, à commencer par le cœur de l'entreprise, la boutique rue Saint-Denis, de toute façon, est demeurée rentable. C'est grâce à elle qu'ils ont pu remettre leur entreprise sur pied, après avoir emprunté à des proches – des dons de *love money*, comme les appelle Philippe Dubuc – et avoir réhypothéqué leurs biens. Avec beaucoup d'inventivité et de système D. D comme Dubuc. D comme Débrouillardise. Ou D comme Durer.

Se retroussant les manches, Dubuc a continué à produire, à bien plus petite échelle, avec une équipe restreinte, « une équipe formidable, bien qu'on ait dû laisser partir des gens ». Avec ce noyau dur, il fallait travailler d'autant plus dur : « Déjà qu'il faut en temps normal porter plusieurs chapeaux, là nous en avions encore plus. En fait, nous avions une chapellerie au complet ! », déclare-t-il en riant.

Le plus ardu était de travailler au quotidien, de se concentrer, dans une ambiance de tourbillon médiatique, qui a duré six à huit semaines. La production n'a heureusement été suspendue qu'un peu plus d'un mois, ce qui est quand même énorme dans ce métier, mais malgré tout un moindre mal.

Comment tenait-il le coup ? Évidemment, l'aide et le soutien de son entourage – à commencer par ceux de son conjoint François – et de ses amis ont joué un grand rôle.

Marie-Claude et lui survivaient donc, quasiment sur pilote automatique. Et, surtout, un aspect fondamental et vital pour l'avenir de la griffe, tout le côté création, était menacé. Philippe se sentait vide, vidé, sans plus de ressources artistiques. « C'est bien beau de continuer, de ramer tous les jours, mais ce qui était très très difficile, c'est que du côté création, j'étais "brûlé". Je n'avais plus rien à dire, rien à raconter. »

Le créateur avoue s'être senti comme un vrai *loser* pendant toute cette histoire, « l'estime de soi, la confiance, en avaient pris un sacré coup ».

Amèrement, il constate : « Tout va bien. Tu réussis bien. Et soudainement, tu penses que tu n'es plus bon à rien, que ce n'est plus possible, que tout est détruit. »

C'est cette année-là aussi qu'il a franchi le cap hautement symbolique des 40 ans. Tout comme son associée, dont l'anniversaire tombait le 22 février, au beau milieu de la faillite. Dans ces circonstances, elle ne voulait pas du tout souligner l'événement, « pourtant, nous lui avons quand même organisé une grande fête, en nous disant que nous allions laisser nos tracas de côté le temps d'une soirée ».

Montrant sa capacité à se ménager de l'espace pour souffler un peu, Philippe Dubuc avait alors choisi, pour quelques heures, de célébrer l'amitié, de fêter une personne qu'il aime profondément. De ne pas laisser l'adversité tout « bouffer », comme la banque l'avait fait.

Une petite cabane au fond des bois, très modeste, comme il la décrit, a également joué un rôle thérapeutique très important au cours de ces années-là. Quatre murs d'un chalet trois saisons que même l'huissier avait dédaigné au moment de l'inventaire des biens.

« Ma cabane, pour moi, a une valeur sentimentale et dans ma tête elle vaut des millions. » Mais quand l'évaluateur a vu les lieux, il a eu l'air interloqué, et ne comprenait pas leur entichement pour cet endroit. Ce qui, aux yeux de la banque, n'avait pas de valeur s'avéra un trésor pour Philippe, qui s'y retirait, loin du regard des médias.

Là, il était comme il le dit lui-même, un *nobody*. Les gens qui avaient acheté les propriétés alentour ne connaissaient pas grand-chose de son existence. « Et même quand ils l'ont su, ça n'a pas été trop grave, parce que c'étaient tous des gens à peu près de ma génération, souvent dans les affaires, et qui connaissaient l'incertitude, ne posant pas de jugement... »

Côté production, en panne d'inspiration – la raison d'être d'un créateur de mode –, Philippe Dubuc était en grande difficulté. « Le temps pressait. Il nous fallait des vêtements à vendre. Et des nouveautés. » Car la boutique se vidait dangereusement.

« Janvier, février, ça va : ce sont les soldes. Mars, ce sont les nouvelles collections en boutique, on a encore assez de stock pour tenir tout le mois. » Le 1er avril, toujours rien, « et là, c'est l'angoisse ». In extremis, Philippe Dubuc a finalement réussi à faire rentrer sa nouvelle collection Homme/Femme dans la boutique, au 1er mai : « À ce moment-là, il ne restait vraiment plus rien, alors plus rien du tout dans la boutique... Nous avions vendu tout ce que nous pouvions vendre pour rembourser la banque. »

C'est autour de cette époque, en mai, que l'espoir a pu renaître, sans doute. Le rachat de son nom, qu'il a dû négocier, mais qu'il a finalement pu conclure grâce à de l'argent emprunté à des amis, a constitué un pas important vers la réhabilitation.

VIVANT, MAIS MÉFIANT

Le goût de créer est ensuite revenu tout doucement. « Des années plus tard, je peux finalement dire que mon esprit créatif est bel et bien intact, et que, malgré les contraintes financières, je ne fais pas de compromis. » Même si, pour se renflouer, il a choisi de miser sur des valeurs sûres, pour bien remplir la boutique et s'assurer un certain chiffre d'affaires.

Aujourd'hui, Philippe Dubuc a de nouveau pignon sur la rue Saint-Denis. Cependant, s'il a repris pied et a défié le sort tout comme les institutions, le créateur est beaucoup plus méfiant à l'égard de ceux qui l'ont laissé tomber quand il avait le plus besoin d'aide.

Une immense déception l'habite encore. «On se reconstruit, c'est sûr, mais bien différemment.» Maintenant, il hésite à se ré-endetter, craignant de se demander si, le jour où les choses iront mal, on lui «tirera encore la plogue»…

«Il ne faut quand même pas oublier ce qui s'est passé. À leurs yeux, mon nom ne valait rien. Ils ont bien vu, par la suite, que celui-ci avait une valeur autant pour le public que pour la profession.» En effet, malgré la dure épreuve, Philippe Dubuc dit avoir été fier de constater que les médias s'emparaient de son histoire, le présentant encore comme un des maîtres de la création québécoise.

Aussi, peu après la faillite, accompagnant son conjoint François à la soirée des Jutras, ces Oscars québécois où le film *C.R.A.Z.Y.* allait triompher cette année-là, Philippe Dubuc, qui n'avait guère envie de se montrer en public, pansant ses plaies, a eu le bonheur de recevoir de nombreux témoignages d'amitié, de soutien et d'admiration.

«Les gens du milieu du cinéma sont assez tolérants. La plupart ont eux-mêmes connu des hauts et des bas. Ils connaissent l'inflexibilité des banques, du milieu des affaires.» Une soirée qui lui a fait beaucoup de bien, dit-il. «Je me suis fait la réflexion : "Philippe, en fin de compte, ce que tu fais, ce n'est peut-être pas si mauvais que cela. La preuve, hier soir, plein de gens sont venus te féliciter pour ton travail".» Puis il ajoute en riant : «Personne n'est arrivé avec un chèque, remarquez bien…».

Le redressement amorcé s'est consolidé au fil des mois. Certains partenariats, comme celui conclu avec la chaîne de grands magasins Simons, ont contribué à redonner confiance au créateur : « C'était la preuve qu'il y avait des gens qui croyaient en nous. »

S'il se refuse à parler d'un *happy end*, en ce qui le concerne, il voit l'avenir avec une certaine confiance, fort de son expérience, de la solidarité avec son associée, qui ne s'est jamais démentie, même si, par moments, la relation a été un peu tendue. Il avait en effet l'impression d'être celui qui devait monter au créneau, et parler seul aux médias.

« C'est moi tout de même qui ai reçu le pot et qui ai dû faire face à la situation. Dans la rue, on me regardait, sans doute parce que je suis l'emblème et le visage de la marque. » Mais avec son associée, sa relation de longue date est fructueuse et bénéfique. « Nous avons plongé du haut de la falaise, au moment de la faillite, en nous tenant la main, vous savez comme dans le film *Thelma et Louise*. »

Aujourd'hui, Philippe Dubuc s'efforce d'aller de l'avant, et surtout – c'est l'essence même de son art, selon lui –, de se projeter dans l'avenir, d'être en avance pour créer les tendances de demain. Rarement, pourtant, dit-il, une semaine s'écoule-t-elle sans que les gens lui parlent de ce douloureux événement.

« J'ai renoué avec la création, et je n'ai pas fait mon deuil de l'idée de présenter de nouveau mes collections sur la scène internationale ».

Pour l'instant, par prudence, il mise gros sur le marché canadien et surtout québécois, car « small is beautiful ». Mais l'ambition est intacte : « Bien que cette histoire de faillite va me suivre toute ma vie, nous avons encore le goût de repartir plus fort sur le marché étranger. » À toute chose malheur est bon. Moins accaparé par la gestion, le styliste dispose maintenant de plus de temps libre pour créer. Du temps, une denrée dont il a manqué cruellement à certains moments les plus fastes de l'expansion de sa griffe, avant le dépôt de bilan. « Maintenant, je suis dedans à plein temps et j'ai moins de comptes à rendre, puisque nous nous autofinançons ». Les dettes ont été remboursées, même s'il reconnaît être toujours sur la corde raide, avec relativement peu de moyens, ce qui est le lot des créateurs, finalement.

« Il faut que les collections se vendent bien. On ne sait jamais d'une année à l'autre, par exemple avec l'impact de la récession. » En effet, le luxe, les vêtements de marque comptent parmi les premiers extras dans lesquels les gens vont couper en cas de difficultés. Là encore, pourtant, Philippe Dubuc a une longueur d'avance, fort de son expérience malheureuse : « Je dis toujours que nous avons vécu la récession avant tout le monde. Nous sommes tombés si bas que nous ne pouvons que remonter. »

Plein de projets et de lignes dans la tête, Philippe Dubuc considère des partenariats, y compris à l'étranger. « J'ai été gelé, paralysé pendant un an, mais c'est fini. Je suis heureux d'avoir trouvé la force de continuer. Sinon, j'aurais tellement de regrets ! »

VESTINE UMWALI
SURVIVRE À L'EAU EMPOISONNÉE
DU LAC TANGANYIKA

LE GÉNOCIDE

Je la rencontre pour la première fois, et c'est étrange, me voici aussi nerveuse que pour un premier rendez-vous amoureux. Elle doit me retrouver au premier étage de la Grande Bibliothèque. Aujourd'hui, c'est une fin de journée pluvieuse. Quel sera son regard? Quelle contenance prendrai-je?

Vaguement, le sentiment de pénétrer sans ménagement dans son intimité me taraude, la peur d'être une sorte de voyeuse, moi qui n'ai jamais souffert, ou si peu, comparée à elle. D'où ma fébrilité, sans doute.

Et soudain la voilà, superbe jeune femme dont le sourire, c'est un cliché, mais aussi ici une telle évidence, illumine l'atmosphère plutôt terne de la sage institution. Je suis très vite frappée par son extrême compétence, son apparente assurance. Car c'est elle qui a tout arrangé pour cet échange. Le lieu, l'heure, les détails. Elle a su négocier pour obtenir la petite salle privée, une cellule triste à mourir, il est vrai, pourtant aussi un lieu totalement reclus et intime, où nous nous assoyons pour partager son histoire.

C'est entre ces murs qu'elle va me révéler, avec une sobriété un peu effrayante, toute son histoire, qui est celle de la souffrance d'un peuple, d'un pays déchiré, mais aussi de son incroyable résilience. Vestine, petit prénom à la sonorité nette, presque enfantine, qui ne peut suffire à résumer la force, la vitalité de l'être humain qui le porte et qui déjà, avec confiance, me regarde droit dans les yeux.

La jeune femme est arrivée au Québec en décembre 2001, avec son mari et ses deux filles, parrainée par une famille québécoise. Un miracle qu'elle soit là en ce moment, me parlant de sa voix douce. Vestine, aujourd'hui, a choisi de travailler auprès des handicapés mentaux au sein d'une institution montréalaise, pour les aider dans leurs tâches, leurs petits progrès quotidiens. Elle se consacre à leur apprendre, lentement, patiemment, à accroître leur autonomie, à se laver, à faire une courte promenade. Elle les prend par la main, leur permettant d'avancer à petits pas, elle qui a chaussé de drôles de bottes de sept lieues, de sept lieux, peut-on dire, pour faire des enjambées de géant.

Vestine est rwandaise, et fait partie du peuple hutu. La famille dont elle est issue était, jusqu'au génocide, plutôt heureuse, aimante et unie, dans leur petit village du centre du pays, Gitarama.

Dans la chaleur de son foyer rwandais, Vestine menait une enfance normale, paisible, semblable à celle de bien des jeunes, entre école, famille et copains.

Contrairement à ce que l'on pourrait imaginer, l'horreur du génocide et de la guerre ne s'est pas abattue d'un coup sur sa famille ni sur le Rwanda. C'est plutôt graduellement, de façon insidieuse, à partir des années 90, qu'elle a rampé, s'est frayé un chemin dans les cœurs et les esprits de la communauté où grandissait la jeune femme, sereine et studieuse, entre un père et une mère aimés et présents.

« Nous sommes arrivés au Québec en provenance de Zambie, avec mon mari et mes petites filles. » Calmement, Vestine entame son récit. Elle ne semble pas avoir peur de réveiller les fantômes. Les Rwandais ont été nombreux, comme elle, à quitter leur pays en 1994 pour échapper aux massacres. Sa fuite, en compagnie de plusieurs membres de sa famille et de son jeune mari, les a tout d'abord menés au Congo. Hélas, très vite, la guerre a éclaté dans ce pays, refoulant les réfugiés vers la Zambie. Là, Vestine et les siens, ne sachant s'ils devaient revenir vers leur terre natale ou émigrer ailleurs, resteront quatre ans, en suspens, tombés dans des limbes étranges, comme oubliés de la Terre entière.

Quand elle évoque la montée de la violence au Rwanda, autour d'elle, Vestine utilise des euphémismes, des mots pleins de pudeur, tout en retenue, sans parvenir toutefois à estomper la brutalité des faits.

Au départ, relate-t-elle, elle et les siens, les membres de sa communauté, ont remarqué la méfiance qui s'installait entre les familles, entre des voisins qui s'aimaient bien au départ et dont les enfants jouaient ensemble. Des gens, qui avant s'invitaient à manger les uns chez les autres, commençaient à prendre leurs distances, à se regarder étrangement. Peu de temps auparavant, pourtant, l'harmonie régnait entre les groupes à l'école, où les Hutus fréquentaient les Tutsis. Vestine, elle-même, avait toute une bande d'amis appartenant à l'autre ethnie. Et puis l'on s'est mis à parler sous cape, on a détourné les yeux, le salut est devenu froid, avant de disparaître : « C'était tellement triste, évoque la jeune femme avec douceur, cela nous affligeait, les gens ne nous invitaient plus. »

Les choses ont changé alors que Vestine, vingt ans à peine, entrait dans l'âge adulte. « Quand je suis arrivée au moment du baccalauréat (la fin des études secondaires), les gens commençaient à s'éviter. » Ce fut l'effet boule de neige, se souvient-elle : « À partir du moment où cela commence, tout va très vite, l'atmosphère s'empoisonne, la haine se répand comme une traînée de poudre. » Et ces gens qui partageaient tout, soudain, se voient comme des ennemis mortels.

Autour d'elle, dans son village, les tensions entre les ethnies ont commencé à se faire sentir de façon tangible vers 1990, soit quatre ans avant le génocide. Les tensions entre les Hutus et les Tutsis existaient déjà avant, se souvient Vestine, mais elles se sont intensifiées graduellement, pour atteindre le paroxysme que l'on sait.

La haine montant, des familles ont commencé à disparaître. « Les gens au pouvoir étaient mis en cause, d'autres voulaient prendre leur place. La menace était palpable, les gens le sentaient, on s'en doutait. Même si nous restions encore dans nos villages, nous nous doutions que des choses horribles se passaient dans les zones touchées par la guerre. Nous en entendions parler. »

Le village était encore intact à ce moment-là, pourtant déjà des visiteurs passaient, véhiculant leurs horribles récits, racontant avoir vu des morts, le long des routes. Même si les autorités essayaient de se montrer rassurantes, d'affirmer contre toute évidence que tout allait bien, que le pire n'allait pas se produire, « nous sentions quand même que quelque chose se préparait ».

Graduellement, les villageois de sa région, nourris de rumeurs d'atrocités, ont commencé à prendre peur, une peur qui avait déjà gagné une partie du pays. L'angoisse devenait insoutenable. Puis les massacres se sont rapprochés, dangereusement : « Nous avons vu des familles tutsies massacrées, d'autres cas nous ont été rapportés, alors nous nous sommes dit que nous ne pouvions plus rester. »

Comme dans d'autres secteurs, les membres de sa communauté, effarés, ont commencé à fuir, refluant vers le centre du pays. Des gens de tous âges quittaient les zones du nord du Rwanda par petits groupes ou par familles entières.

Vestine et les siens regardaient les groupes partir, un par un, se déplacer. Ils apprenaient chaque jour la mort de l'un, de l'autre. Quand ils ont finalement quitté le village, en juin 1994, le gros du massacre appartenait déjà à l'histoire. Ils ont fui dans le sillage d'une foule d'exilés pris de panique. Des soldats étaient venus, occupant les parages pour les chasser. Par vagues, ils tiraient sur les populations civiles ou les massacraient à l'arme blanche. Le ton de Vestine, quand elle relate ces horreurs demeure, encore une fois, étrangement lointain. Sciemment ou non, elle choisit des mots sobres, en deçà de cette réalité : « Les soldats ont tiré sur la foule, beaucoup de gens sont morts. »

LE GÉNOCIDE RWANDAIS, EN BREF

Entre avril et juillet 1994, des centaines de milliers de Rwandais ont été massacrés. Les chiffres de cette horreur varient selon les sources, de 400 000 environ à près d'un million. La communauté internationale n'a pas su empêcher ces 100 jours de carnage, malgré la présence des Casques bleus de l'ONU dirigés par le général canadien Roméo Dallaire. Malgré un travail de reconstruction et de réconciliation, les plaies demeurent.

Dans le cocon de son existence montréalaise, Vestine juge aujourd'hui avoir été au bout de l'enfer, avoir vécu le trop-plein des images de barbarie, ces tueries qui sont arrivées un jour aux portes de sa famille. Sa tante, par exemple, n'a pas eu la chance de pouvoir quitter le Rwanda à temps pour se réfugier ailleurs. Elle et ses sept enfants ont été massacrés. Sept d'un coup, ne puis-je m'empêcher de penser. Tous ses proches, effacés, en quelques minutes. « Tout le monde est mort. » Là encore, elle parle sans faire de drame, sans chercher à frapper l'imagination.

Alors, la population a migré d'une région à l'autre. Elle a erré, plus exactement. Des foules énormes ont reflué en direction de Kigali, puis ceux de Kigali ont fui à leur tour, dans tout le pays. Selon le camp auquel on appartenait, on devenait soit gibier, soit chasseur. Étrange et poignante marée humaine. « Les gens se déplaçaient, les soldats les poursuivaient. Tout le monde était touché, même ceux qui n'avaient rien à voir avec le conflit, qui n'avaient rien fait, n'avaient pas le choix. Tu étais pris au piège. »

La famille de Vestine, comme tant d'autres, espérait échapper à l'horreur du génocide. Pour ne retomber en vérité que sur un autre visage de la terreur. « Et là, le spectacle était trop horrible. Nous voyions des gens qui mouraient de faim, tout seuls, abandonnés sur le bord de la route. » En effet, explique la jeune femme, « quand on se lançait sur les grands chemins ainsi, il fallait fuir immédiatement. Pas moyen de prendre ses effets, ni aucune nourriture ». Sur la route, elle croisait une population en détresse, des enfants séparés de leurs parents, des petits êtres abandonnés, perdus, sans souliers, et qui continuaient à marcher avec tout le monde. Entraînés dans la marée humaine. Beaucoup de vieillards affaiblis, aussi désemparés que les petits.

Vestine et les siens ont pu franchir la frontière du Congo, anciennement le Zaïre, franchissant en route le fleuve Rusizi, pour aboutir dans un camp de réfugiés, celui de Kamanyola, où Vestine va passer plus d'un an dans une totale incertitude sur le sort qui l'attendait.

Au Congo, la situation des réfugiés répartis dans des camps était abjecte, terrible. Les arrivants se retrouvaient dans un dénuement absolu, les organismes humanitaires étant absents, du moins au début de cette période trouble. Dans des conditions sanitaires effroyables, les réfugiés se voyaient menacés par toutes sortes de maladies. « Nous ne pouvions plus compter les cas de diarrhées, de malnutrition… nous étions vraiment livrés à nous-mêmes », se souvient tristement Vestine, le regard plein de ces images encore vives.

« On pense qu'il y a eu juste le génocide au Rwanda, mais énormément de gens sont morts au Congo, dans les camps. Moi, ma famille immédiate, mes frères et mes sœurs, nous avons survécu, grâce à Dieu. » Tous n'ont pas eu cette chance, de beaucoup s'en faut. Dans son camp congolais, elle a vu dépérir et mourir des amis, des connaissances, des voisines. « Qui sera le prochain ? » se demandait-on.

LE CAMP DE LA MORT

C'est pendant le conflit et son internement dans le camp au Congo que Vestine a rencontré Emmanuel, celui qui allait devenir son époux et le père de ses filles : « Nous nous sommes mariés au Congo en 1995. » Après son mariage, Vestine a changé de camp de réfugiés pour rejoindre son époux. Étrange lune de miel. Et aussi une goutte de bonheur, de vie, dans un océan de peur.

Ce mari avait une belle situation, et des préoccupations humanitaires. « Il gagnait bien sa vie, et travaillait pour Médecins sans frontières. Il adorait son métier. » Mais tout cela, c'était avant la guerre.

Le temps passa, dans ces conditions étranges que sont celles des réfugiés internés, comme en suspension dans les limbes, en attente. Un quotidien fait de mille petits tracas, mille deuils.

Et puis l'ennui, aussi, qui vous taraude, vous qui êtes habitué à travailler, à agir, à bâtir une vie. Vous qui êtes jeune et pleine de projets. L'ennui, Vestine et son nouvel époux choisissent donc de le combattre, par exemple en venant en aide aux autres, aux plus faibles, aux plus âgés. Et là, l'ouvrage ne manque pas.

Pendant ce temps-là, après quelques mois d'attente, le reste de la famille de Vestine avait pour sa part pris sa décision. Il fallait rentrer au pays. Tout un pan de sa famille a ainsi de nouveau mis le cap vers son Rwanda natal, encouragé par les paroles rassurantes des autorités congolaises qui voulaient se débarrasser du plus grand nombre de réfugiés possible. Alors que la situation n'était pourtant en rien redevenue sûre pour les migrants en déroute. Vestine a ainsi vu sa mère partir, sans grande certitude d'éventuelles retrouvailles.

Cette mère n'allait ainsi pas assister à la naissance du premier enfant du jeune couple dans le marasme du camp. Le 7 octobre 1996, Vestine accoucha de sa première fille, Sandrine. Cette enfant incarnait pour Vestine le bonheur d'une vie conçue dans l'amour, au milieu du chaos, mais sa naissance fut suivie de lendemains traumatisants : « Mon bébé avait à peine trois jours quand le camp a été attaqué pendant la nuit par des militaires rwandais. »

Avant même l'attaque, raconte Vestine, l'insécurité régnait parmi les réfugiés du camp. Chacun avait la vague impression que quelque chose se préparait. La rumeur colportait des bribes de nouvelles. On racontait que des militaires rwandais passaient la frontière, effectuaient des incursions pour venir massacrer les réfugiés. Il y avait bien entendu des gardiens pour assurer la défense du camp, mais les représentants des organismes humanitaires, qui avaient fini par arriver, ne pouvaient absolument pas garantir la sécurité de toutes ces âmes, et leur conseillaient de partir le plus vite possible, « tout cela dans le flou, sans donner de détails ». D'ailleurs, ces travailleurs humanitaires ne passaient pas la nuit au camp, trop inquiets pour leur propre sécurité. «Malgré ces avertissements, comme nous ne savions pas où aller ni quoi faire, nous sommes restés. Comme tout le monde, ou presque. »

Les assaillants leur sont tombés dessus au petit matin, sans crier gare : «Beaucoup de gens sont morts dans ce massacre, autant par balles et par agression directe que carbonisés dans les tentes qui ont pris feu. » Les femmes, les enfants, les vieillards, les malades, surtout, mouraient, littéralement enfermés dans des linceuls de feu et de fumée. « Les soldats poursuivaient les civils, c'était la débandade dans la nuit. Et puis le feu se propageait tellement vite. Il y a eu tellement de victimes. »

Vestine rapporte des faits encore plus troublants. Elle précise que ceux qui attaquaient le camp tiraient systématiquement sur tout le monde, y compris sur les Congolais, sans discrimination. «Tout avait été planifié, vous savez. Il y avait des gens dans le camp, avant l'attaque, qui disaient aux réfugiés : " Il faut creuser des fosses ". »

Officiellement, il s'agissait de décharges pour les ordures, et chaque réfugié devait payer pour ces travaux, pour les grands trous béants. «Ces trous, on les a utilisés ensuite, après le massacre, comme fosses communes. En fait, je sais maintenant qu'on nous faisait creuser nos propres tombes », conclut-elle froidement. Son regard jusque-là si vivant se fait inexpressif, comme si elle en avait chassé toute émotion. Comment en effet parler de tels événements, du comble de la barbarie ?

Dans cette guerre au Congo, déclare Vestine, le deuil des proches des victimes sera dans bien des cas difficile, parce que compter et identifier les corps s'avèrent encore impossible à l'heure actuelle, tant de morts ayant été ensevelis dans des charniers anonymes, comme celui de son camp de Runingu.

Au moment de l'attaque, la jeune mère n'était pas encore vraiment remise de ses couches, et le cordon ombilical du bébé n'était même pas cicatrisé. Mais il fallait fuir, pour éviter d'être massacrés comme beaucoup d'autres le furent cette nuit-là. « J'étais si faible, il a fallu marcher, tellement marcher ; mon mari et moi devions transporter le bébé sur notre dos comme on le fait chez nous en Afrique, mais j'étais inquiète de l'état de son cordon ombilical. J'avais si peur qu'il ne s'infecte. »

L'EAU DE LA VIE OU DE LA MORT ?

C'est là, sur les sentiers sauvages du Congo, où le danger guette à chaque instant, à travers les forêts hostiles, que le couple allait vivre quelques-uns des plus durs moments de cette terrible épopée. En effet, Emmanuel et Vestine, Sandrine sur leur dos, allaient marcher, marcher encore, marcher toujours avec le spectacle de la souffrance humaine à chaque détour.

Rétrospectivement, Vestine, qui dit puiser sa force face à l'adversité en bonne partie dans sa foi en Dieu, une foi présente au quotidien et depuis son enfance, croit que si elle, son mari et son enfant ont survécu, il faut parler d'un vrai miracle. « Quand je pense à tous ces gens en bonne santé, ces gens jeunes, qui sont morts, alors que nous, dans notre état, avons pu nous en sortir, je vois cela comme un miracle, il n'y a vraiment pas d'autre explication. »

Fuite échevelée de gens sans vivres ni bagage, à travers les fourrés. Errance totale, car ces civils ne savaient pas dans quelle direction aller, chacun craignant de se jeter dans la gueule du loup. Les groupes se perdaient, se retrouvaient, s'effilochaient comme des nuages dans le ciel d'automne. Le reste se désagrège dans sa mémoire, dans un brouillard lié à une époque de totale fatigue et d'angoisse.

Au cours de ces longues marches, on ne pense pas, on est comme dans un cauchemar. « Tu ne réfléchis pas, parce que cela ne sert à rien, et peut-être vaut-il mieux ne pas penser. Tu marches automatiquement, tu ne sais même pas la direction que tu as prise. Tu te sauves sans but précis, instinctivement. » Tel un animal traqué.

C'était comme un long film d'épouvante : « Nous nous perdions sur ce sentier. Au bout de quelques jours, nous perdions de vue nos voisins, mon beau-frère. Puis l'on se retrouvait, on se perdait de nouveau. »

La faim, surtout, taraudait les marcheurs sans relâche : « Nous sommes partis sans rien, dans la direction opposée à celle du Rwanda, le long du lac Tanganyika. » Vestine se souvient de la disette, dans cette nature peu généreuse qu'ils traversaient et qui ne leur offrait, comme à regret, que des mangues indigestes : « À force de manger des mangues, souvent pas mûres, nous attrapions mal au ventre ! »

Au sein de la cohorte en mouvement, l'humanité menaçait de déserter : « Nous ne pouvions plus nous entraider. C'était terrible. Du chacun pour soi. »

La fuite se faisait souvent au pas de course, pour les plus robustes, du moins. Les Congolais avaient déserté les villages. « Quelques fois, nous y avons tout de même trouvé un peu à manger. »

Et puis, il y avait la peur, constante, qu'une patrouille de soldats ne les débusque : « Nous avions la chance que le bébé ne pleurait pas beaucoup, contrairement à d'autres autour de nous qui criaient sans cesse, pendant la nuit. » Très dur aussi pour les nerfs de parents déjà incroyablement épuisés. « Heureusement, parce que nous marchions le plus souvent toute la journée, et toute la nuit, sans nous arrêter, pour prendre de l'avance. »

La petite troupe fluctuante dont Vestine faisait partie trouvait souvent des cadavres ou des moribonds sur le bord du chemin. Des morts sans sépulture. Elle se souvient de la culpabilité : « Tu n'as plus de force, tu voudrais aider, mais tu ne peux pas, et tu vois parmi ces morts certains de tes voisins. Plus tard, une fois en sécurité, on pense : "Si j'avais pu, si j'avais fait cela…" Mais il n'y avait pas moyen, il fallait se sauver soi-même. » Le pire, raconte Vestine, c'était les mourants, dont on savait qu'ils devaient tellement souffrir : « Voir les gens qu'on connaît s'allonger et se laisser partir, ne plus lutter pour leur survie, c'était horrible. Je me souviens d'avoir vu des gens qui n'étaient pas tout à fait sans vie, qui respiraient encore. » Elle raconte avoir été hantée longtemps après le conflit par des cauchemars peuplés de visages d'amis, de connaissances, abandonnés au bord de la route.

Mais le plus effroyable, pour les jeunes parents, était de n'avoir aucune nourriture pour leur nouveau-né. Rien, absolument rien : « J'étais tellement affaiblie que je n'avais pas de lait, et nous n'avions pas non plus d'eau potable. Le bébé allait mourir. Nous étions désespérés. »

Une seule possibilité s'offrit à eux pour tenter de sauver leur fille de la mort : « Il n'y avait que le lac Tanganyika, que nous longions, avec son eau sale. » Du poison potentiel pour la faible constitution de Sandrine. Mais c'est tout de même ce que le nouveau-né a bu, pendant des semaines, un mois quasiment, en fait, aussi incroyable que cela puisse paraître. Et c'est pour cela surtout que Vestine croit aux miracles et que plus rien ne semble pouvoir l'abattre : « Mon Dieu, je te remercie d'avoir sauvé ma fille, qu'elle ait survécu à ces semaines terribles, elle qui est aujourd'hui une grande fille d'une quinzaine d'année en pleine forme.»

En novembre 1996, après un mois de marche, épuisée, la peau sur les os, Vestine arrive en Tanzanie avec les siens. «Je devais être comme les autres fuyards, un vrai fantôme.» En lambeaux, encore menacée par d'éventuels agresseurs, la jeune famille est arrivée au terme de sa fuite. Elle avait un objectif : prendre l'un des bateaux pleins à craquer qui traversaient le lac Tanganyika pour rallier la Tanzanie.

Pour payer le passage, il a fallu brader les rares objets qui leur restaient : «Nous n'avions pas grand-chose, je me rappelle, mais nous avions pu conserver un appareil photo et un peu d'argent.» Cela dit, la traversée n'était pas sans risque. En effet, les bateaux étaient beaucoup trop chargés, lourds de leur cargaison humaine. Embarcations vétustes et fragiles, sur un lac bien profond : «On entendait parler de morts, de naufrages, mais nous nous sommes dit : "Il faut y aller".»

Déchirement de nouveau au départ du quai, puisqu'il a fallu laisser en arrière certains proches retrouvés, au hasard de la fuite dans l'immensité sauvage : «Parmi ceux qui restaient, beaucoup sont morts ensuite, eux aussi massacrés, alors qu'ils rentraient dans leur village.»

Vestine et son époux, pour leur part, ont atteint la Tanzanie par bac à la fin du mois de décembre.

Comble de malheur, sur place, le gouvernement tanzanien avait décidé de rapatrier de force tous les réfugiés rwandais qui venaient à peine d'arriver. «On avait demandé à tous les réfugiés de retourner au Rwanda. On leur disait, pour les endormir, que tout était calme, mais c'était faux, les massacres continuaient.

Les autorités rwandaises incitaient les gens à rentrer. Alors, les gens rentraient et ils se faisaient tuer. »

Une fois en Tanzanie, au terme de ce voyage, épuisés, dans tous les sens du terme, le couple n'avait pourtant qu'une priorité : apporter des soins médicaux au bébé, qui, certes, était vivant, mais dans un état lamentable : « Sandrine a été très malade, la malnutrition gonflait son ventre devenu tout dur. » La mère, traumatisée, regardait le visage émacié de son bébé, son tout premier enfant, qui avait déjà tant souffert au cours de sa jeune existence : « Je ne pensais pas qu'elle allait survivre, et puis après, quand elle a réussi à surmonter sa faiblesse, j'ai pensé qu'elle garderait des séquelles majeures de ce long mois de privations. » Victime d'une infection grave, conséquence de la malnutrition, le bébé a pu être soigné dans une clinique tanzanienne. Avec succès. Les jeunes parents ont pu respirer un peu.

Il a toutefois encore fallu se heurter aux pressions des autorités tanzaniennes, qui poussaient les réfugiés à retourner vers leur pays d'origine, au mépris total de leur sécurité. « Ils ont voulu renvoyer de force les réfugiés, qui devaient à tout prix partir avant le 31 décembre 1996. » Vestine et les siens devaient se joindre à ces pauvres hères gênants, réexpédiés sans vergogne, mais elle a réussi à échapper de justesse au rapatriement, grâce à des connaissances sur place qui les ont protégés, elle et son mari.

LA SÉCURITÉ, L'INDIGENCE ET L'ENNUI

Ses amis leur ont vite procuré des papiers pour quitter la Tanzanie et fuir ce Rwanda de tous les dangers. Une démarche qui n'était pas simple et assez coûteuse. « Nous avons quitté la Tanzanie pour la Zambie, où nous sommes restés un long moment. » Si la menace de violence s'éloignait, il se profilait la perspective d'une longue attente dans un état de dénuement extrême : « Nous avons connu la misère noire, une chose à laquelle nous n'étions vraiment pas préparés, malgré nos tribulations. »

Car en Zambie, la famille se trouva une nouvelle fois dirigée vers un camp de réfugiés. Pourtant, plus encore que dans les camps précédents, l'absence de structure et la déficience de l'organisation laissaient les gens livrés à eux-mêmes, oisifs et sans ressources, pendant des mois, des années… Une autre façon de détruire les êtres, en leur ôtant tout moyen d'améliorer leur sort. Vestine décrit l'étrange mélange de populations qui peuplaient l'endroit, ce qu'elle qualifie de « ramassis » de gens victimes des multiples conflits régionaux : « Il y avait entre autres des Angolais réfugiés depuis 1976, qui étaient, croyez-le ou non, encore là au début de 1997 quand nous sommes arrivés. » Encore aujourd'hui, en Zambie, certaines personnes dans les forêts vivent avec l'espoir de retourner chez eux.

Les nouveaux arrivants ont dû s'habituer à n'avoir pour toute maison que des sortes de huttes très rudimentaires. Les petits nouveaux du camp avaient droit à un an d'assistance de base, après quoi chacun devait se débrouiller avec les moyens du bord.

Cette jeune femme, dont on perçoit le raffinement, relate douloureusement, presque avec indignation, l'état de primitifs auquel ils ont été réduits pendant ce séjour : « Le camp était situé dans une sorte de forêt, les gens étaient pour ainsi dire revenus à l'état sauvage, ce n'était plus une vie. » Et ce constat accentuait le deuil de leur vie confortable et civilisée au Rwanda. Tout cet « avant » englouti, l'innocence pulvérisée.

« Quand tu arrivais dans ce camp, on te donnait de la nourriture, de quoi couper le bois, et de quoi cultiver ton lopin de terre. » Pendant un an, les réfugiés recevaient ainsi des semences de maïs, mais, dans l'ensemble, ils se sentaient plutôt abandonnés. Oubliés de la planète indifférente.

La famille dormait à même la terre battue, chacun roulé dans de minces couvertures. « Ce n'était pas une vie, répète Vestine avec force, nous ne trouvions pas de vrai repos. » Il fallait se lever très tôt pour cultiver la terre aride, et il faisait très froid, alors que les vêtements et les couvertures étaient rares et de piètre qualité. Peu de monde avec qui communiquer, aussi. Et puis la proximité de la forêt et de sa faune d'animaux sauvages constituait aussi un danger pour eux, et pour les enfants en particulier. Vestine en frémit encore. « Et le pire, déclare en riant la jeune femme, c'est qu'il n'y avait même pas de savon ! »

Malgré ces conditions précaires, la famille s'est agrandie, avec l'arrivée d'une deuxième petite fille. Les quatre sont demeurés dans cet état semi-végétatif pendant de longs mois, n'osant entreprendre de démarches : « Nous vivions encore dans l'espoir de retourner au Rwanda. »

Finalement, Vestine et sa famille ont pu quitter ce terrible camp pour vivre dans un village, tout d'abord, trouvant de petits boulots, puis parvenant enfin à s'ancrer dans la capitale. Après quatre ans en Zambie, dont deux d'attente dans un camp.

Regardant le chemin parcouru et toutes ces souffrances endurées, Vestine se dit soulagée au fond que son père, mort avant la guerre, et qui était un homme évolué et plutôt cultivé, avec une bonne situation, n'ait pas eu à connaître de telles mésaventures. « Maman, elle, est retournée au Rwanda et a pu s'en sortir. » Elle a même reçu la visite de ses petites-filles, qui sont maintenant de jeunes Montréalaises bien intégrées et ont découvert avec stupeur la façon de vivre des enfants du village natal de leur mère. « Mes enfants, dit Vestine, s'adaptent facilement, à cause de tout ce qui est arrivé. »

CHANGÉE, MAIS INTÈGRE

Arrivée à Montréal grâce au parrainage d'une famille québécoise à laquelle elle voue une infinie reconnaissance, Vestine (tout comme son mari) a trouvé un accueil chaleureux. De son côté, elle n'a pas hésité à commencer au bas de l'échelle, chez Lise Watier Cosmétiques, en usine. De fil en aiguille, conciliant travail et obligations parentales, elle a pu suivre et obtenir un certificat en santé mentale pour devenir travailleuse sociale, elle qui avait été conseillère en santé publique dans son pays d'origine. « J'avais des diplômes au Rwanda, mais ils n'ont pas été reconnus ici. » Elle a tout de même pu rester fidèle à sa vocation première, celle d'aider les autres. Une démarche qui l'aide à surmonter son propre passé. Son époux, lui, est infirmier.

Vestine veut travailler pour redonner un peu de cette chance qu'elle juge avoir reçue, malgré les horreurs traversées. Elle a peu à peu retrouvé la sérénité, forte de sa croyance en un être suprême foncièrement bienveillant, et également d'un optimisme qui frappe ceux qui la côtoient.

À son arrivée à Montréal, les souvenirs violents étaient récurrents, dit-elle paisiblement, mais la tranquillité et la paix de la vie d'ici ont apaisé sa crainte.

Son parcours l'a à la fois profondément transformée tout en gardant intègre sa vitalité et sa foi en l'Homme. « Toutes les épreuves que nous avons traversées ont changé bien des choses de notre quotidien. » Elle et sa famille ont pris conscience du danger, de la méchanceté qui peut se cacher derrière la façade de l'être humain.

« Avec tout ce que nous avons vécu, je suis devenue un peu plus réservée, un peu plus méfiante envers le monde. Je me questionne beaucoup sur les intentions et les actions des gens. Ma confiance dans l'être humain a diminué. Mais elle existe encore. »

Les épreuves l'ont changée, mais elles n'ont pas, dit-elle, détruit fondamentalement sa personnalité, malgré les peurs qui l'ont habitée un temps : « Après les événements tragiques, je ressentais très fort cette peur de me séparer physiquement de mon mari et de mes enfants, une crainte qui me revient de temps en temps. » Elle raconte, par exemple, que lorsque ses filles participent à des sorties scolaires, il lui arrive de se demander si elles rentreront saines et sauves. Lorsque les petites vont à l'école ou chez des amis, parfois, elle ne peut s'empêcher de se demander ce qu'elles deviendraient si jamais la guerre éclatait ici. « Je m'inquiète beaucoup pour leur sécurité. Et si elles étaient victimes d'un accident, d'un incendie, d'une noyade ? » Cette crainte, assure-t-elle pourtant, ne la handicape pas trop dans sa vie personnelle ou professionnelle.

Se penchant sur son couple, elle constate que le malheur n'a fait que solidifier sa relation. « Emmanuel et moi, nous sommes très proches. Nous avons traversé des périodes de vache maigre, nous sommes restés très solidaires et fidèles pendant les moments difficiles. » Elle se dit convaincue qu'Emmanuel lui a sauvé la vie : « À bien des occasions dans notre fuite, j'étais fatiguée, épuisée, et il ne nous a pas abandonnés. Nous sommes toujours restés ensemble, au risque de mourir ensemble. » Aujourd'hui encore, ajoute-t-elle avec émotion, son mari reste quelqu'un de très persévérant, qui travaille fort pour la réussite et l'avenir de sa famille. « Maintenant que la tempête est passée, nous partageons le bonheur comme nous avons partagé le malheur. »

Vestine ne tient plus non plus pour acquis le confort, l'accès aux biens matériels, et elle a appris la valeur du partage et de l'entraide.

Avec son mari, elle s'attache maintenant à savourer les menus plaisirs de la vie. « Nous profitons de tout ce qui passe, les spectacles l'été, le cinéma, les sorties au parc avec nos filles. Nous aimons particulièrement le Vieux-Port de Montréal, les manèges de La Ronde et le métro de Montréal ! Nous apprécions chaque instant de la vie, sans oublier ceux qui l'ont perdue de façon injuste et précipitée. » Elle tente de transmettre ses valeurs à ses filles.

Ses objectifs et ses rêves d'avant la guerre se sont transformés. « Je rêvais d'une belle vie, entourée de mes frères et sœurs, de mes tantes et de mes oncles, de ma belle-famille, des cousins et des cousines. Je rêvais de voir mes enfants grandir au sein de notre famille, qu'elles parlent notre langue et connaissent notre culture. Mais la vie en a décidé autrement et nous l'apprécions. Maintenant, je rêve d'une paix durable, de la sécurité et d'un bel avenir pour nos enfants. Je rêve d'avoir une belle maison en banlieue de Montréal, une belle voiture. Et surtout, que nos filles fassent des études et réussissent leur vie. »

Et si les images du passé la hantent encore, sa foi, et le regard de ses enfants, particulièrement celui de Sandrine, bébé né sur les rives hostiles du lac Tanganyika, la confortent dans sa joie d'exister encore pour les siens et dans sa confiance en la vie.

SURMONTER L'HORREUR DE LA GUERRE : DES CONDITIONS INDIVIDUELLES ET COLLECTIVES

ENTREVUE AVEC LA DOCTEURE CÉCILE ROUSSEAU, PÉDOPSYCHIATRE ET SPÉCIALISTE DES TRAUMATISMES LIÉS À LA GUERRE

Face au périple d'une Vestine Umwali, et à sa capacité de se réinventer dans une nouvelle vie, avec des projets, des rêves pour elle-même comme pour ses enfants, je voulais comprendre. Savoir si l'expérience de la guerre, de l'horreur infligée par des humains à leurs semblables pouvait se transcender, et si oui, quelles étaient les conditions d'une sorte de guérison, ou tout au moins d'un retour à l'équilibre. Pour répondre à ces interrogations, la meilleure personne me semblait être la docteure Cécile Rousseau, qui s'attache à évaluer à long terme les conséquences des conflits armés sur les enfants et les adolescents. Son expertise dans ce domaine l'a conduite partout dans le monde. Elle s'est penchée sur la façon spécifique dont les traumatismes affectent certains groupes sociaux culturels, dont les populations d'Asie du Sud-Est, d'Amérique centrale et de Somalie.

Il faut avant tout, dit la chercheuse, résister à la tentation d'étiqueter les réfugiés de guerre et de penser que tous sont marqués à vie par le traumatisme vécu et dénués d'espoir de retrouver une vie normale. L'experte s'insurge contre une certaine tendance qui fait des survivants de la guerre des victimes à long terme, des infirmes chroniques incapables de s'insérer harmonieusement dans la société.

En fait, ses observations et les recherches indiquent plutôt que les enfants de la guerre s'en sortent en général assez bien après coup et deviennent majoritairement des individus productifs dans la société qui les accueille. Ils ont, il est vrai, fait l'expérience de la souffrance, parfois de façon extrême, mais, dans l'ensemble, connaissent un assez faible taux de pathologies mentales par rapport à la population générale : « On a trop souvent tendance à penser que tous souffrent de troubles psychologiques, mais ce n'est pas le cas. Les études montrent que de 8 à 10 % des victimes de guerre vont connaître des problèmes post-traumatiques. »

Chez ceux qui souffrent de séquelles psychologiques, on observe une variété de problèmes d'adaptation à leur nouvel environnement. « Souvent, ces personnes auront des symptômes comme ceux de revivre les expériences difficiles ; ils peuvent avoir des *flash-back*, évoquer ce qu'eux ou leur famille ont vécu dans leur pays d'origine. Ce qui peut prendre la forme de cauchemars, entre autres. » Pour les enfants qui ont connu l'horreur, les manifestations sont parfois plus subtiles à décoder, comme le retrait ou l'absence de réactions face aux événements du monde extérieur. « Ce seront des enfants très calmes, retirés en eux-mêmes, qui rêvassent, qui attirent moins l'attention que les autres, même si leur souffrance est importante. »

Les jeunes victimes de la guerre ont à la fois un avantage et un handicap par rapport à leurs aînés quand ils émergent de la violence. D'un côté, ils sont plus malléables que les adultes, leurs cerveaux, plus souples, ont une capacité accrue de rebond, mais en même temps leur jeune identité est marquée plus profondément par ce qu'ils ont vécu. À l'autre extrémité du spectre, pour les personnes déjà vraiment âgées qui émergent d'une situation de guerre, ou de génocide, la suite des choses peut s'avérer très difficile si plus rien autour d'eux ne subsiste pour leur donner envie de continuer, surtout si leur famille a été détruite, car ils perdent alors leur raison même de vivre, et la capacité de se réinventer et de se projeter dans l'avenir.

Les femmes vivent-elles la violence et ses lendemains autrement que les hommes? Dans les conflits armés, observe Cécile Rousseau, les femmes sont fréquemment victimes au premier chef de la violence érigée en système. Fréquemment objectifiées, elles sont utilisées comme des armes de guerre. Elles sont souvent victimes de viol, de brimades, d'asservissement et d'humiliation. Mais dans l'ensemble, une fois sorties du contexte de violence, les femmes semblent plutôt mieux récupérer que les hommes. La raison en est, selon la chercheuse, que les femmes ont en général la capacité de se projeter dans plusieurs rôles sociaux, et non pas seulement dans celui de chef de famille. Elles sont tout à la fois mère, amante, épouse, sœur, professionnelle, et trouvent donc plus d'une manière de se donner un sens. Inversement, les hommes en exil, privés de travail, de place valable à leurs yeux dans la hiérarchie sociale, ont souvent beaucoup de difficulté à se reconstruire.

LES ATTITUDES QUI GUÉRISSENT, LES GESTES QUI TUENT

Il faut s'interroger sur les facteurs qui vont déterminer si quelqu'un, qui a traversé la guerre, pourra redémarrer sans trop de cicatrices et connaître une relative sérénité dans son pays d'accueil.

Pour l'experte, ce qui fait qu'un individu s'en sort réside en général dans la capacité individuelle, une fois le traumatisme passé, de se recréer dans une vie ayant un sens. Une démarche qui passe la plupart du temps par la reconnaissance de sa propre identité par les autres, idéalement par la société tout entière.

La meilleure façon d'empêcher un réfugié de guerre de se remettre sur pied consiste, dit-elle, à le maintenir dans un état de suspension, d'incertitude concernant son avenir, comme c'est le cas des immigrants qui attendent, parfois des mois, voire des années, d'être acceptés dans un pays et font face à une administration étatique, froide et incompréhensive. Ou ceux qui, pire encore, sont internés dans des camps, placés dans les limbes, avec devant eux ni cause ni activité, ni surtout d'oreilles compréhensives pour valider leur douleur. Pour Cécile Rousseau, il faut voir là une forme pernicieuse de maltraitance, puisque la personne ne peut tourner la page sur son passé et repartir à zéro.

La chercheuse a observé que, souvent, parmi les immigrants en attente de papiers, le taux de suicide et de dépression est élevé dans cette période charnière où l'individu est sorti de la guerre et du massacre, mais a l'impression, au moment où il pense s'en être libéré, de retomber dans un système où la négation de son histoire, la violence, prennent le visage de l'indifférence. Inversement, l'immigrant qui retrouvera une place dans la société d'accueil, même au bas de l'échelle, aura plus de chance de guérir, pour peu que ses perspectives d'ascension sociale ne soient pas nulles.

Au plan individuel, ceux qui s'en sortent le mieux, dit Cécile Rousseau, sont en général les individus qui ont grandi, avant le conflit, au sein d'une famille équilibrée, avec un système de valeurs et une base d'amour fondamentale pour les soutenir, tel un terreau fertile pour une jeune pousse. Ce socle les aidera à supporter l'insupportable. Inversement, ceux qui abordent la période de tourmente avec un lourd bagage de traumatismes, de négligence et de violence familiale risquent d'avancer dans la vie avec un handicap, car ils peuvent voir dans la violence de la guerre le reflet de ce qu'ils ont connu jeunes et peuvent en faire un pitoyable constat de l'existence au sens large.

Faut-il pour autant généraliser? La docteure répond qu'on ne peut émettre ces observations que de manière globale, dans les grandes lignes, et que de nombreuses exceptions viennent tempérer la règle. Pour faire mentir les étiquettes, elle cite comme exemple celui de cette Guatémaltèque rencontrée au cours de sa pratique et qui a connu une vie d'abus, d'agressions, de violence familiale, mais qui, plus tard, subissant la torture, a raconté avoir été capable de résister aux pires atrocités parce qu'elle avait appris à supporter la souffrance. « Mais en règle générale, ceux qui ont eu une enfance difficile sont moins bien armés pour la vie. »

Par ailleurs, l'experte a observé à travers les études de ses collègues et ses propres recherches que ceux qui s'en sortent le mieux sont souvent ceux qui réussissent à trouver un équilibre dans leur vie, sachant faire le deuil de la personne qu'ils étaient avant et accepter la nouvelle personne qu'ils sont devenus. Et dans ce processus, aider les autres, retrouver un rôle utile dans la société, ou simplement auprès des siens, est une démarche très salvatrice. « J'ai vu des enfants rwandais ou d'une autre origine, parfois des tout-petits de 5 ou 6 ans, et qui soutenaient toute leur famille, avec des bébés de 2 ans dans les bras, ou encore qui s'occupaient de leur mère, de leur tante. Le fait d'être investi d'un rôle, d'une raison d'être, les a grandement aidés. »

Dans ce domaine, il ne faut pas négliger l'importance de la symbolique, et l'on doit mesurer combien il est difficile pour l'immigrant de retrouver sa fierté, sa dignité, et de prendre sa place au sein de la société.

SUBLIMER POUR TRANSCENDER

Comment continuer à vivre quand votre existence, vos certitudes ont été anéanties ? Le réfugié doit tenter de parvenir à donner un sens à ce qu'il a traversé, par exemple le massacre de ses proches ou la torture. La démarche peut se faire sur un plan individuel ou familial, ou encore dans un contexte communautaire. Ainsi, des initiatives collectives comme les commissions de réconciliation, par exemple celle instituée après l'apartheid en Afrique du Sud, permettent aux victimes d'exprimer leur souffrance face à leurs bourreaux et face à la collectivité en général. Elles apparaissent comme un moyen efficace de transcender le malheur, pour lui donner un semblant de signification. Cette démarche peut prendre des formes très diverses et moins systématiques ou institutionnelles que des tribunaux d'enquête. Au Cambodge, par exemple, des bouddhistes tiendront un cérémonial de guérison, tandis qu'au Rwanda, le jour de réconciliation symbolique est arrivé quand les deux ethnies ont dansé ensemble.

Plus individuellement, la création artistique joue un rôle important pour symboliser la souffrance et la surmonter. Avec son équipe, Cécile Rousseau utilise intensivement le dessin et d'autres formes d'expression artistique auprès des enfants, une méthode qui a clairement fait ses preuves. Car l'humain a, dit-elle, cette formidable capacité de sublimer le mal et de tirer du bon, du grandiose, du malheur le plus abject. Et ce, dès un très jeune âge.

« Les enfants des camps de la mort dessinaient des soleils radieux. Les petits ont, très jeunes, la capacité de voir la beauté, l'espoir, même dans la noirceur la plus totale. »

« Même le jeune être le plus traumatisé, dit-elle, peut s'approprier une histoire, la faire sienne, et la transformer avec des mythes, pour trouver le chemin de la guérison. »

Plus largement, le réfugié de guerre doit ainsi parvenir à sublimer ce qu'il a vécu. La foi, au sens large, le fait de croire à des idéaux, qu'ils soient religieux, humanistes, politiques, des valeurs plus élevées que soi-même, représente un ressort fondamental pour bien des individus.

Cécile Rousseau évoque par exemple un peuple qui a su se reconstruire après l'un des pires traumatismes de l'histoire humaine : l'holocauste. «Le peuple juif, qui a tellement souffert, n'est pas un peuple handicapé par le traumatisme vécu, bien au contraire, parce qu'il a su sublimer la douleur, spécifiquement en transmettant à ses enfants un héritage fort qui fait que ceux-ci se sentent investis d'une mission, celle de perpétuer les idéaux collectifs. »

Cette transmission d'un héritage collectif peut être un moteur mais aussi, dans certains cas, se révéler un fardeau pour les individus qui appartiennent à un groupe où la pression exercée est tyrannique, explique la chercheuse. Par exemple, elle a rencontré des enfants cambodgiens, qui, forts de leur héritage, ont d'excellents résultats scolaires, parce qu'ils sont investis d'une mission, celle de réussir pour leurs aînés, mais qui connaissent parfois la détresse psychologique, parce que cette obligation pèse très lourd et qu'ils ne peuvent décevoir leur entourage immédiat. On le voit, dans l'humain, rien n'est simple, et les facteurs personnels se mêlent aux impératifs du groupe.

Mais dans quelles circonstances la reconstruction de l'identité individuelle s'avérera-t-elle particulièrement ardue? C'est, dit-elle, surtout le cas quand la personne a joué à la fois le rôle de victime, mais aussi de bourreau dans un conflit, et où la culpabilité vient se greffer au traumatisme, par exemple dans le cas des enfants-soldats, ou des soldats américains au Vietnam, chez qui le taux de suicide et de toxicomanie a atteint des sommets.

Comment, en effet, se donner le droit de vivre encore, lorsqu'on a tué, blessé, frappé, violé, même si on y a été contraint ?

LES FLEURS SUR LE FUMIER

La souffrance est inhérente à l'histoire humaine, précise encore Cécile Rousseau, et si elle détruit les individus, parfois à grande échelle, elle est aussi, quand elle est transcendée, source de création et de richesse. De la souffrance et des guerres naissent en effet des héritages de beauté et de grandeur. « La violence, c'est vrai, peut engendrer la violence, mais dans un nombre plus grand de cas, elle est aussi source de création, de culture, de richesse. » Elle rappelle que peu de créateurs, d'artistes, sont indemnes de traumatismes, citant les œuvres tourmentées d'un Goya, par exemple. Ou à l'inverse, celles d'un Vermeer, dépeignant la sérénité, un idéal à atteindre pour celui qui a souffert ou qui a ressenti toute la souffrance des autres.

D'ailleurs, ce serait se leurrer que de penser que notre société nord-américaine contemporaine ne porte pas elle aussi sa part de violence. « Aucune société ne peut affirmer qu'elle ne cache aucun squelette dans son placard. » Car il ne faut pas oublier nos guerres, celle menée en Afghanistan, par exemple. « Nous choisissons de prendre nos distances, mais on ne peut impunément envoyer des soldats tuer ou se faire tuer. Si les Rwandais envoyaient des soldats chez nous, nous dirions qu'ils sont en guerre, mais nous, nous choisissons de nous décrire comme des pacifistes. » Car l'humain, sur lequel la chercheuse se penche depuis si longtemps, est, rappelle-t-elle, complexe, fascinant, séduisant, mais il choisit fréquemment de prendre ses distances par rapport aux actes violents qu'il commet et de les nier.

FRANCE CASTEL
QUAND L'APPÉTIT DE VIVRE DÉVORE L'INSTINCT DE MORT

LA TOXICOMANIE

Dieu que les clichés ont la vie dure! Pourquoi donc ne pouvais-je arriver à superposer au visage de la femme assise face à moi, resplendissante, l'œil vif et bleu, limpide, le teint frais, les traits de la toxicomane qu'elle fut, 23 ans plus tôt? Pourquoi les deux identités de France Castel me semblaient-elles si irréconciliables, comme deux fictions sans lien apparent?

Comme la plupart des gens, je connaissais quelque chose de la personnalité publique de France Castel, ce pilier si dynamique de maintes émissions de télévision. Une comédienne, artiste multidisciplinaire omniprésente depuis plusieurs décennies au Québec et dans la francophonie. Une femme chaleureuse, à la joie de vivre contagieuse. Quelqu'un que l'on a instinctivement envie de mieux connaître.

De son parcours accidenté, j'avais bien sûr eu vent, car France Castel n'a jamais caché son vécu et ses années de galère. Au contraire, c'est avec ouverture d'esprit et franchise qu'elle aborde le sujet, sans détour ni faux-fuyants, mais sans dramatisation non plus.

J'avais déjà pu constater l'étonnante forme physique de cette femme dans la soixantaine épanouie, au teint de jeune fille. Face à elle, je fus frappée par le fait que la vie qui a longtemps été la sienne semble l'avoir laissée intacte, vierge de toute séquelle, du moins en apparence.

Et de fait, France Castel possède une fougue, un allant quasi juvénile qui s'avère, constate-t-on en faisant plus ample connaissance, le fidèle reflet de sa vitalité intérieure, une énergie fondamentale qui a contribué de toute évidence à lui permettre de surmonter les épreuves. En effet, France a connu des problèmes de dépendance et de dépression graves, maintenant jugulés, et qui, confie-t-elle, trouvent sans conteste leur origine dans son enfance.

Attablée dans le lumineux restaurant *Chez Lévesque*, à Outremont, où elle est connue comme le loup blanc, France Castel sirote un thé. Elle évoque, d'un ton léger, une enfance particulièrement atypique…« Je viens d'une famille de huit enfants, cinq filles et trois garçons, et moi, je suis la quatrième. »

La comédienne a le rire lumineux et elle en ponctue abondamment son récit, généreuse de grands éclats qui allègent considérablement un propos douloureux. « Oui, j'étais au milieu, le pivot qui n'a jamais senti qu'il était à sa place… qui en a occupé une trop grosse… ou le contraire. »

Elle dit ne pas vouloir trop s'étendre sur l'histoire de sa famille, avertissant aussitôt qu'elle n'est pas prête à tout conter. France Castel, on le sent, sait très bien contrôler ce qu'elle veut révéler d'elle.

« Vous savez, je suis partie de chez moi très vite. » D'emblée, l'artiste annonce la couleur, et son clair regard se fait lointain. Originaire de Sherbrooke, France parle de ce père et de cette mère qui ont façonné ses premières années et orienté ses pas, parfois pour le meilleur et souvent pour le pire.

Sa mère était une fille adoptée. Et celle qui a élevé sa mère était riche et manipulait beaucoup sa fille. Une femme pas très claire, selon France, qui a cherché à tuer les ambitions de celle qui lui a plus tard donné le jour. Et qui a vécu à regret une vie conventionnelle de mère de famille nombreuse : « À ce moment-là, c'était péché que de limiter les naissances. Ma mère voulait trois enfants, mais un peu en opposition avec ses rêves, elle a continué après à donner naissance. Elle m'a dit " après quelques enfants, je me suis habituée ". »

Cette mère mettra finalement huit petits êtres au monde, sous le poids des valeurs familiales et d'une société québécoise archaïque, dominée par la religion, insiste France : « C'était très fort et le pouvoir de l'Église était absolu. Ma mère était assez rebelle, pourtant, elle s'est laissée avoir. » France, elle, n'avait aucunement l'intention de se laisser dominer par une société rétrograde. Ni par un homme.

La mère de France a ainsi consenti à mettre de côté ses aspirations. « Parce qu'elle était instruite, avec des rêves, elle ne travaillait pas, mais elle aurait pu, elle avait des lettres. » France, l'œil vif, gronde, bouillonnant intérieurement. C'est cette mère adoptive, raconte-t-elle, qui lui a choisi son mari, parce que, pour cette femme de la bourgeoisie, les autres prétendants n'étaient vraiment pas acceptables.

« Alors, ce fut mon père. » Un être fascinant, raffiné, et pourtant aussi terrible. Un homme très cultivé, autodidacte, mais qui était profondément déséquilibré. La comédienne hésite, avant de poursuivre : « Il souffrait de nombreuses psychoses, mais ce n'était pas nommé dans ce temps-là, on ne savait pas ce qu'étaient ces crises, ou alors que très vaguement. » Elle raconte avoir assisté, et ce sont certains de ses premiers souvenirs, aux fréquentes sautes d'humeur, des hauts très hauts, des creux abyssaux, chez ce père, qui, dans le regard que pose la comédienne sur le passé, était un être sombre, « un grand bipolaire, à mon avis, avec des phases maniaques vraiment intenses ».

Et toute la maisonnée, au beau milieu de laquelle grandissait la fillette, baignait dans le déséquilibre ambiant et dans cette atmosphère étrange, en alternance entre les effusions et les crises. L'angoisse, l'imprévisible, étaient leur pain quotidien, celui de France au premier chef, très tôt dans son existence.

Un milieu aussi instable qu'un ciel d'été orageux, qui a laissé des traces : « Chez nous, sur les huit enfants, trois souffrent à un certain degré de la pathologie qui affectait mon père ; quant à moi, je suis juste sur le bord. » Elle confesse : « Dans mon cas, je peux dire que c'est pour cela que la drogue m'a sauvée, elle m'a stabilisée. Étrange, mais je me suis permis de jouer avec ces états, ces *highs*, d'une façon qui me servait de béquille. »

France Castel évoque encore, comme pour les exorciser, les crises de son père : « Enfant, on ne voit pas cela comme des hauts et des bas, comme quelque chose d'anormal, on voit plutôt cela comme un état de fait, comme la vie, quoi. »

Sa mère, impuissante à contrôler l'humeur de son mari, pleurait, en marge des comportements effrayants du père, qui, parfois, « voulait se pendre ». France en rit à présent, peut-être pour dédramatiser la chose, mais se souvient qu'une fois son père l'avait prise et carrément enterrée. Pourquoi et dans quelles circonstances, elle l'a oublié. Cette image est resté prisonnière dans la brume du passé, dans l'étrange enfance d'une petite fille à la sensibilité très éveillée. « Oui, oui, il m'avait enterrée, pourquoi, je ne sais pas... alors pour m'éloigner, ne rien sentir, à un moment donné, je fermais les yeux et puis je faisais : "Bon, cela va bien finir par passer".»

Et pourtant, poursuit l'artiste dans un soupir, ce père était vraiment un homme extraordinaire, ce qui rendait la situation d'autant plus difficile à vivre, à comprendre, pour une jeune enfant. «Mon père était un homme d'une grande bonté, avec tant de talents.» Il peignait, il jouait des grandes orgues, de la harpe. Comme tous ces êtres déséquilibrés, il avait un immense génie et il était fascinant, extrêmement fascinant. «Mais aussi très " épeurant".»

Effrayant, l'homme, débordant de personnalité et qui semblait en receler plusieurs, dit France, «la plupart aimantes, majestueuses, flamboyantes, mais certaines noires et menaçantes pour son entourage».

France a ainsi grandi dans cette atmosphère volatile, toujours angoissée, attendant le déferlement de la crise, l'orage qui menaçait de s'abattre. Elle a été profondément marquée par ces jeunes années, surtout qu'elle était tout particulièrement proche de ce père orageux. «Certains de ses enfants, ceux qui étaient plus attachés à lui, et lui à eux, comme c'était mon cas, y ont plus goûté.» Dans le fond, constate-t-elle, mieux valait être plus loin de lui.

Pour protéger un tant soit peu la couvée de ces montagnes russes familiales, souvent, sa mère envoyait les petits chez la grand-mère, avec des résultats plus ou moins heureux : «Pour ma part, je vivais cela plus comme un rejet que comme une protection.» Et puis, ses yeux d'enfant voyaient en son père une victime.

Aujourd'hui, pense-t-elle, l'homme aurait bénéficié d'une médication qui aurait permis de contrôler ses phases dépressives. «L'enfant que j'étais, poursuit-elle avec force, ne voulait que son bien. Comme c'était un être bon et magique et qui adorait ses enfants, quand il était dans des états comme cela, il devait s'en vouloir énormément. C'était très pénible pour toute la famille, à commencer par lui. »

Tel fut le difficile point de départ d'une existence riche, certes, mais tumultueuse, et troublée par un long passage à vide, une longue crise : « Il y a vraiment un lien fondamental avec ce que j'ai vécu ensuite, c'est indéniable. »

Elle évoque une de ses sœurs, très touchée elle aussi, et aux prises pendant de longues années avec la dépendance : « Elle est morte cette année, et le lien avec ses problèmes de drogue est indéniable. » Dressant un triste constat, elle ajoute : « Alors elle, et moi, et deux autres de mes frères, quatre sur huit qui sont assez touchés. C'est beaucoup. »

France réfléchit sur les formes et les degrés très divers de ce déséquilibre : « Je ne sais pas si c'est biochimique, chimique sur le plan des cellules. Moi, je ne suis pas maniacodépressive, je n'ai pas de phases de manie, mais je suis très cyclothymique. » Elle se dit « sensible au possible » et confesse avoir dû faire beaucoup beaucoup de travail pour atteindre une forme d'équilibre.

Immergée dans une enfance tourmentée, le déséquilibre est devenu pour France un état naturel, dans une vie aux multiples facettes, composée de plusieurs strates superposées, entre le visage présenté au public et les montagnes russes de l'intimité familiale, tout cela dissimulé « sous une espèce d'enveloppe de famille riche, soucieuse du qu'en-dira-t-on, vivant dans l'aisance, l'abondance, même ».

Éclatant de rire, comme pour tourner son euphémisme en dérision, elle précise : « Ce n'était vraiment pas un univers normal, non, pas normal du tout. » Une sorte de fiction en fait, « mais dans mon cas, cette fiction était ma réalité, ma vie. Et donc pour moi il était facile de me retirer, de m'évader dans un monde fictif, quand les choses me faisaient trop peur». Ce phénomène de repli sur soi, elle ne l'a identifié que plus tard. « Je sais maintenant que je m'en allais de mon corps, je partais, et encore aujourd'hui j'ai une grande facilité à prendre mes distances des événements.» La crise de papa passée, la petite France raccrochait à la réalité, tout en douceur, mais elle n'en conserve qu'un souvenir diffus. Comme si un rideau était tombé, un pan diaphane, estompant la souffrance de l'enfant. «Car, ajoute France d'un ton un peu solennel, ce n'est pas ce dont on se souvient qui est grave, c'est ce qu'on oublie. Un petit morceau de soi que l'on perd.»

Les êtres blessés vieillissent-ils moins que les autres? France Castel, le regard si bleu, a dû emporter avec ce passé un peu de son enfance, car sa fraîcheur éclate quand elle rit encore, quand elle ajoute : «Vous savez, il y a toujours un secret dans chaque être, et souvent, il y en a trente.» Trente, mais qui ont probablement une origine commune. La même blessure originelle.

En se rappelant le tumulte d'alors, elle repense à sa mère, mais de manière plus fugitive, comme si l'effarante image paternelle avait contribué à gommer partiellement la maternelle : «Tu comprends, elle avait huit enfants. Elle avait abandonné ses rêves d'être professeur, et moi, je la jugeais un peu.» Le père, toujours lui, revient vite s'imposer dans les souvenirs fragmentés : «Je l'entendais pleurer, alors je descendais l'escalier pour être certaine que rien de grave ne se produisait, qu'il n'était pas en train de se pendre. J'étais tout le temps aux aguets, inquiète, en attente…»

Rétrospectivement, elle ne peut s'empêcher de se demander pourquoi, elle, plus que les autres membres de sa fratrie, était sensible à ce climat de crise : «Pourquoi moi plus qu'un autre? Je ne sais pas. Chaque être a quelque chose à vivre.»

UN LEGS LOURD, MAIS PLEINEMENT ASSUMÉ

Curieusement, elle ne cherche pas à dénigrer l'étrange héritage de son père. Il fait partie, assure-t-elle, de ce qui a façonné l'être complexe, riche et créatif qu'elle est devenue, même si le tribut à payer en a été bien élevé : « Quelque part, je crois que c'est le déséquilibre profond de cette enfance qui a fait en sorte que j'ai failli y rester, mais qui est aussi à l'origine de certaines de mes plus grandes qualités, et ma richesse. » Ce qui fait qu'elle est très souvent à l'écoute des autres, elle qui a tant voulu décoder les humeurs paternelles.

En revanche, pour cet enfant du déséquilibre, la maternité fut un passage excessivement délicat : « J'ai choisi d'avoir des enfants (elle en aura trois, de pères différents), mais quand ma fille a atteint l'âge de sept ou huit ans, neuf ans peut-être, cela a été très dur, car j'ai commencé à revivre le déséquilibre de mes premières années. » Là s'est profilée la peur de recréer pour son enfant cet univers boiteux, insécurisant. Riant encore, hésitant un peu dans le choix des mots, l'artiste ajoute : « Alors qu'est-ce que je faisais ? Eh bien, je mettais les hommes dehors. Je faisais un enfant, et puis au bout de deux ans, c'était fini avec le père, parce que j'avais peur, et que je ne voulais pas d'homme. »

C'est précisément à cette époque, assez tard dans sa vie d'adulte, que l'actrice a connu un sérieux déséquilibre.

Pourtant, tant bien que mal, elle avait jusque-là pu tenir le coup : « J'ai réussi, tout le temps à continuer ma route, je travaillais fort, sans cesse, j'étais bien occupée. » Le travail, pour elle, était naturel et s'inscrivait dans un processus normal. Mais elle insiste pour souligner que jamais elle n'a couru après cette carrière qui la plaçait au premier plan et dans la lumière. En y repensant, elle croit plutôt avoir répondu aux demandes, aux commandes, tout à fait comme quand elle était petite. « Et puis, j'avais une voix, et je faisais ce qu'il y avait à faire. »

Bien avant l'enfance de sa fille et la période critique précédant la chute, France Castel avait bien essayé, comme sa mère, de se ranger, de mener une existence ordinaire, tentant le mariage dès l'âge de 15 ans. Elle effleure en quelques mots ce passage aussi malheureux que précoce : « Je me suis mal mariée, parce que je l'ai choisi pour les mauvaises raisons, et qu'il n'était pas comme mon père ; c'est sûr que j'ai eu un premier mariage de peur. » Cette union, néfaste et contraire à la nature de France, n'a duré que quatre ans. Et déjà, la survivante en avait tiré des leçons pour elle-même, des règles de vie auxquelles elle n'allait plus guère déroger : « Je pense qu'avec l'échec du mariage, je me suis solidifiée, j'appelle ça "ma partie féministe" ». Elle s'est dit qu'après ce mariage, il n'y aurait plus personne qui allait la « contrôler » et que, même si un jour elle avait des enfants, c'est elle qui mènerait la barque.

La jeune femme s'est donc prise en main, a commencé à suivre des cours du soir. « J'étais très débrouillarde, je disais que je connaissais la sténo, alors que je ne la maîtrisais nullement… » Reine du système D, elle avait su mettre en place toutes sortes de mécanismes, « Go, go, débrouille, débrouille ». France Castel claque des doigts pour ponctuer ses paroles. En parallèle, cependant, indice sans doute de la faille dans laquelle elle allait tomber, elle menait une vie amoureuse complexe, tourmentée, « avec tout le temps l'espoir que ça marche et aussitôt que l'espoir de déboucher sur quelque chose se profilait, paf ! je m'arrangeais pour que tout foire. » Au moins, à ce moment-là, ne consommait-elle pas encore.

Entre-temps, elle avait fait son chemin dans le monde artistique. Son nom était connu, son visage charmant familier du public : « La carrière marchait très bien, je remplaçais les gens, je faisais tout. » Il y avait en fait une forme d'abondance qui accompagnait ce mode de vie. Et pourtant, déjà, France ne tirait pas de réelle satisfaction de cette réussite. « Je ne sais pas au juste comment définir toute cette période de ma vie. Je me revois à cette époque, pas vraiment claire, pas tout à fait comme dans un brouillard, mais je ne sais pas ce que je vivais. » Elle pourrait, elle en est certaine, l'expliquer d'une façon thérapeutique, mais cela ne l'intéresse pas. Sans doute est-elle rendue ailleurs. « Tout ce que je peux dire, c'est que je ne sais pas ce que je sentais, mais je « passais au travers ».

TOMBER

Quand sa fille avait 8 ou 9 ans, l'un des frères de France est mort : « Cette mort a bouleversé l'équilibre précaire de ma vie, et alors j'ai commencé à voir des choses que je ne voulais pas voir et à sentir des choses que je ne voulais pas sentir. » Les souvenirs estompés jusqu'à maintenant ont commencé à refaire surface, « des images fortes, le déséquilibre de toute mon enfance, c'était comme un grand vertige ».

Malgré les mécanismes de défense qu'elle avait savamment développés, les moyens multiples pris pour se protéger, la crise semblait inévitable : « Tant que j'étais en activité, jusque-là, eh bien cela marchait… j'étais double, j'étais multiple, il y avait la partie immergée de moi-même qui fonctionnait bien. » Et il y avait la force de cette santé que l'on palpe aujourd'hui encore chez la femme plus mûre, mais qui devait être des plus redoutables chez la jeune artiste : « Quelque part, cet appétit de vivre était là. »

La crise a-t-elle eu lieu d'un coup ? L'appétit de vivre est-il allé *decrescendo* ? Pas vraiment, précise France, cherchant encore une fois les mots justes. Il a plutôt diminué, comme si ce qu'elle appelle la zone d'ombre reprenait ses droits. L'effondrement total, lui, est intervenu beaucoup plus tard : « C'est comme s'il y avait trop de choses, la répétition des "patterns" amoureux, ma fille, la carrière ». Elle parle aussi de ces rôles qui la percutaient corps et âme, soir après soir, « par exemple le rôle de Stella Spotlight, la sex-symbol sur le retour qui disait : "Laissez-moi partir avant de vieillir". » Tous les soirs, elle quittait la scène dans la peau de ce personnage tragique et, en filigrane, ce rêve de suicide. « Tout cela rentrait en moi, et de façon encore beaucoup plus intense après la mort de mon frère. »

LOVE AT FIRST LINE

C'est cernée par ses souvenirs, ses démons, que France Castel a commencé à goûter à la drogue : « Pourtant, moi, je n'aimais pas du tout la "dope". J'essayais un peu de "pot", un peu d'alcool, un peu de ci, de ça, mais je ne supportais pas. » Puis ce fut le coup de foudre, le coup de poudre : « C'est quand j'ai goûté à la cocaïne que j'ai trouvé MA drogue. Ensuite, j'en ai toujours eu sur moi. » Une drogue réputée pour sa faculté de décupler l'énergie, mais qui avait un autre effet sur la jeune femme : « Je ne trouvais pas que cela me donnait de l'énergie, d'ailleurs je n'en avais pas besoin », ajoute-t-elle dans un nouveau grand rire vigoureux qui vient souligner ses propos. « Non, c'est simplement qu'elle m'a convenu, elle me donnait confiance. »

La rencontre avec ce dangereux flirt se fit par hasard, à une époque où toutes sortes de drogues circulaient plutôt librement, et pas exclusivement dans le milieu des artistes : « Les gens avaient peur de la cocaïne, et moi aussi j'ai eu peur, mais je me suis dit : Ouais, faut que j'essaye ça. »

Près d'un quart de siècle après en être sortie, France Castel opte clairement pour la plus totale honnêteté, déclare ne pas vraiment regretter d'avoir essayé la cocaïne, cette toute première fois : « Il est vrai que j'aurais aimé comprendre plus tôt mon malaise, mais je ne regrette pas d'avoir essayé, parce que je ne sais vraiment pas quel autre moyen j'aurais pu utiliser afin d'identifier mon mal. » De l'identifier, et de le surmonter pour finalement le tenir en respect. Car France juge que la drogue lui a permis de regarder en face cette partie si effrayante d'elle-même, faite d'ombre et de peur. « Je suis passée au travers de ce par quoi je devais passer. Je préfère être passée par ça que par des pilules et l'asile psychiatrique. »

SEPT ANS DE MALHEUR

La descente aux enfers s'était amorcée. Pendant sept ans, l'univers de l'artiste tourna autour de la poudre blanche, avec trois années particulièrement dures, les trois dernières. Sept ans, c'est long. Son regard se fait plus intense quand elle confie : « La coke est une drogue un peu insidieuse. Tu peux faire un gramme par semaine toute ta vie. Je pouvais travailler, puisque tant que tu ne mélanges pas, tu peux rester actif. »

Évidemment, au bout d'un moment, un glissement s'effectue, et on se met à mélanger un petit peu la coke à l'alcool, et ainsi de suite, mais en donnant longtemps le change aux yeux des autres, ou presque : « La bonne cocaïne, sans en faire la promotion, c'est pratique. Il faut voir que c'est sûr que ce n'est pas comme un hallu-cinogène. Les autres ne peuvent pas toujours se rendre compte que tu en prends. »

Sauf que, quand tout bascule, la descente aux enfers s'accé-lère, le jeu n'est plus drôle, « et puis là ce n'est plus un gramme, c'est deux, et puis c'est trois. Et alors tu ne dors plus ». Ajoutez à cela la déchéance qui va avec, l'argent qui s'échappe, s'engouffre dans la drogue, la condition physique, qui, même si on a une constitution de fer, en prend un sacré coup.

France trouve que, comparée à d'autres, elle a eu de la chance de s'en être sortie et d'être encore là pour témoigner. « Écoute, j'ai 65 ans et je n'ai pas de séquelles. »

Pas comme sa sœur, morte à 67 ans après s'être noyée dans le même lac empoisonné. Sans jamais avoir pu refaire surface. « Elle était un peu plus vieille que moi, et quand j'ai commencé à consommer, elle était déjà dedans, un peu du moins. » Cette sœur dépressive, souffrant d'un profond ennui, « piquait très très bas dans la dépression, malgré ses pilules ». France, elle, avait au moins son métier, « et dans un sens c'est un peu l'action qui m'a sauvée et qui me sauve encore ».

Une hépatite a évolué en cancer du foie, emportant cette sœur aimée qui avait pourtant pendant si longtemps semblé terrasser la bête : « Elle a connu une rechute au bout de quinze ans, vingt ans de sobriété. » C'est pour cela que France se méfie d'elle-même, malgré vingt-trois ans d'abstinence. On ne sait jamais…

Pendant ses années de dépendance, France se retrouvait parfois en couple, parfois seule : « Je m'arrangeais pour avoir quelqu'un qui consommait avec moi. Quand tu es dans cet état, tu choisis de te placer dans des situations où tu n'as pas à te justifier trop trop. » Où l'on ne te juge pas.

Les choses s'arrangeaient plutôt bien pour France. Mais ce qui s'arrangeait moins, c'est la culpabilité de la jeune femme vis-à-vis de ses enfants. Elle a d'ailleurs dû aller jusqu'à laisser partir sa fille avec son père, le seul qui s'est vraiment occupé de son enfant, les autres pères ne s'étant jamais inquiétés des leurs. « Je savais que je serais très malade, et j'ai laissé aller ma fille, et même si c'était la chose à faire, si vous saviez ce que ça fait en dedans… c'est terrible. »

L'enfant a vécu deux ans à Miami, « après, j'étais prête à la reprendre, mais elle ne voulait plus venir avec moi ». Aujourd'hui encore, bien que leur relation soit excellente, France pense que sa fille sera toujours un peu un être déraciné, « et puis moi aussi, d'ailleurs… ».

« Quant aux deux autres enfants, continue France d'un ton léger, ils sont toujours restés auprès de moi, pour la simple raison que les pères ne s'en occupaient pas ». La phrase s'élève, claire, finissant dans un grand éclat de rire.

Ces deux-là, elle les a protégés longtemps, très longtemps, même de la drogue. Mais c'est elle-même qu'elle minait de culpabilité : « C'est par rapport aux enfants que j'ai eu le plus grand déséquilibre. » Elle décrit cette chute dans la toxicomanie comme un événement qui l'a fouettée dans un espace où elle ne s'attardait pas en temps normal, dans cette zone d'ombre, « et ça y allait par là ». Un état difficilement conciliable avec les exigences de la maternité.

A *posteriori*, les enfants n'ont même pas pu en vouloir réellement à leur mère, dit France : « Ils ont énormément, énormément de difficultés à me faire des reproches. Il faut dire que j'étais leur seul lien, alors comment auraient-ils pu prendre le risque de me critiquer ? »

Juste avant de décider, pour la première fois, de suivre une cure de désintoxication, France, il faut quand même le dire, s'est retrouvée totalement ruinée : « J'ai tout perdu, moi qui me débrouillais bien, qui pouvais payer pour ses enfants, qui avais une bonne, et puis une autre bonne. J'étais capable de bien vivre. » Il faut en effet préciser que par-dessus tout, l'artiste, même à la dérive, refusait d'être assujettie à un homme. Elle souhaitait de toutes ses forces rester indépendante.

Finalement, c'est pour les enfants que France Castel a décidé de se faire interner pour s'en sortir. Bien sûr, il y avait la déchéance professionnelle, mais elle s'en fichait pas mal, elle qui était partie dans son monde. La perte de confiance du milieu, de ses pairs, rien de cela ne l'atteignait, et là réside un élément important pour qui veut comprendre cette étonnante femme : « Ma carrière n'a rien à voir avec moi, je ne m'identifie pas à elle. » Si elle travaille, si elle se démultiplie et connaît le succès, tant mieux. Point, à la ligne. « Je suis passionnée, c'est vrai, je le suis, mais le métier, ce n'est pas le moteur. »

L'ÉNERGIE DE L'ESPOIR

Mais alors quel est-il, ce moteur qui l'a poussée à s'orienter vers la guérison ? Pour répondre, l'artiste pèse ses mots, car si en cet être on perçoit un bouillonnement presque physique, on sent aussi une grande maîtrise de soi. Mécanisme de défense, peut-être. Le moteur, ce qui fait qu'elle est là aujourd'hui, est purement l'expression, sa capacité à être là, présente, incarnée. Avec sa fougue : « Être en vie, quoi, dépasser les peurs pour générer de l'énergie. En travaillant, c'est ce que j'exprime, mais il s'agit d'un moyen et non d'une fin. » Et cette volonté de s'exprimer, si elle ne la puise pas dans son métier, elle va la trouver ailleurs. Et c'est tant mieux, parce que France n'ignore pas que l'on peut passer de mode, bien qu'elle ait réussi à durer et à demeurer populaire auprès du public.

France Castel a suivi deux cures de désintoxication, dans un centre qui, à l'époque, s'appelait la Maisonnée d'Oka. « Je suis arrivée là parce que j'avais fait deux tentatives de suicide. » À ce stade, la situation était carrément compromise, un mur s'élevait devant ses yeux ; elle ne pouvait vivre ni avec la drogue ni sans elle. « Et là, toute l'aisance et la liberté que j'avais, je la perdais, toute la culpabilité remontait, les enfants, les dettes. Je ne voyais vraiment pas comment j'allais m'en sortir.» Elle évoque son état, en pleine période de consommation, le décrivant ainsi : «C'est comme si tu sais ce qui se passe, mais ne peux pas t'en empêcher.» Elle se souvient pourtant de tous ces états, comme si elle les voyait, avec une clarté totale.

Au pire de la crise, avant les tentatives de mettre fin à ses jours, France a beaucoup souffert. Ce qui avait été source de plaisir, ce qui donnait de l'assurance et permettait de mater les peurs n'était plus que source de cauchemars.

Quand les démons ont repris le dessus, elle a voulu en finir, vraiment. Ce n'était pas un appel au secours, elle en est certaine. Pourtant, France Castel s'est manquée. La deuxième fois, elle s'est réveillée alors que quelqu'un la ramassait : «Moi qui ne prenais pas de pilules, j'avais fini par avaler un flacon ! On m'a emmenée à l'hôpital pour me laver l'estomac, puis on m'a rentrée en désintox.»

Une première cure précédente avait échoué. France n'y avait pas assez cru, n'était pas certaine du bien-fondé de la démarche, et ses motivations pouvaient manquer de fondement. «J'avais tellement de dettes que j'étais dehors, sans rien, et on m'avait dit que la cure était un bon moyen de me débarrasser du problème, de repartir à neuf. Je me suis donc dit : "Ça va aider".» Trois semaines pour rien, la première fois. «Je n'étais pas branchée, je pensais que j'allais m'en sortir, mais sitôt que j'ai quitté le Centre, je suis tombée, sans rire, sur une petite quantité de drogue restée dans l'une de mes chemises de nuit». Appelant un conseiller à l'aide, comme on est censé le faire en cas de tentation, France s'est fait dire de vendre la came pour aider à rembourser ses dettes, mais qu'elle devait avant l'essayer, pour s'assurer qu'il s'agissait bien de cocaïne ! «Et hop, voilà, je suis retombée dedans solide pendant deux ans...»

La seconde cure, la bonne, s'est avérée plus dure. D'abord, la maison d'accueil n'était plus mixte, contrairement à la première. « C'était pas mal moins cool ». Car les femmes, ça juge, ça soupèse. Avec leur regard. Malgré l'aide de Paulette Guimois, la fondatrice de l'institution, rencontrée lors de sa première tentative de désintoxication, France n'a pas échappé au regard des autres patientes. « Mais les femmes entre elles, les toxicomanes, sont dures. » Elles ne comprennent pas pourquoi une femme aisée, qui a un métier, des enfants, plonge ainsi. France imite leur voix hostile, cassante : « Qu'est-ce qu'elle a, elle, elle avait toute " ostie "! T'as pas d'affaire à souffrir toi ! »

Aujourd'hui, France sait que c'est parce que la seconde cure allait être la bonne qu'elle a été si pénible. « Je sentais qu'il fallait toucher le fond, il ne fallait pas que je me sauve dans des dépendances, par exemple dans mes relations avec les hommes. » Il y a en effet, selon France, bien des manières « d'abriller » ce qu'on ressent.

Et ce fut un succès. À l'issue de la cure de trois semaines, France a continué à s'impliquer dans les activités de l'institution, d'autant plus aisément qu'elle était complètement ruinée. « Donc, j'ai fait tout ce qu'on m'a dit de faire, tranquillement. » Les amis aussi s'étaient faits rares, car c'est dans ces moments-là que l'on se rend compte que beaucoup de gens gravitent autour de vous parce que vous consommez ou que vous avez accès à la drogue.

VIVRE SA VIE

Aujourd'hui, pleine de gratitude, elle vient encore en aide aux toxicomanes, à qui elle sait parler et qui devinent intuitivement qu'elle est passée par là. « Quand je leur dis quelque chose, ils savent d'où ça vient. Ça se sent, entre nous. »

Elle constate que, finalement, assez peu de gens s'en sortent réellement, ou du moins s'en tirent indemnes. Alors pourquoi a-t-elle pu reprendre pied, plus même, réussir ainsi le reste de sa vie et continuer à exister dans son métier et une relation avec le public ? Un public qui peut se montrer impitoyable. Pour elle, la grande question est toujours de savoir ce qui fait que cela marche, que l'on s'en sort. « En fait, l'équation demeure un mystère, et pour moi l'interrogation existera toujours. »

Elle tient aussi à définir ce que veut dire « s'en sortir » : « Certaines personnes se remettent de leur dépendance, du moins officiellement, mais souvent au détriment de leur nature profonde. » Ceux-là changent, perdent une partie de leur identité et deviennent quelqu'un d'autre, ils sont dans la protection. Perdre sa créativité, acheter des pensées de groupe pour être certaine de ne pas déroger à un code de vie acceptable aux yeux de la société, quel intérêt ? Ce sont ceux qui ont en fait simplement sauvé leur vie, croit-elle. Et pour France, cette option est tout bonnement impensable, révoltante, contre nature. Elle, elle voulait vivre sa vie. Comme artiste, mais aussi, et peut-être surtout, comme femme. Il lui fallait préserver cette précieuse liberté, liberté de sentir, d'exprimer, liberté d'être, en tant qu'être humain, quoi !

Passionnée, elle explique : « J'avais peur de la perdre, cette liberté, j'avais peur d'abandonner ma démesure. » Faisant une concession à son combat contre la drogue, l'artiste à dû « tasser » un moment son être véritable, mais toujours, toujours, martèle-t-elle, sans rompre avec sa démesure.

Elle assure être aujourd'hui pleinement en harmonie avec toutes les facettes de sa personnalité, ces excès qui peuvent la faire basculer n'importe quand, qui sont tout à la fois sa force et son talon d'Achille, qui sont ce qu'elle est, enfin. « Je les dompte, je

suis en contact avec tout ce qu'on pourrait appeler mon déséquilibre, mais à présent, j'en suis maître.»

Et puis, dans son cas, ce qui a joué un rôle clef pour la tirer
des ténèbres : «Je pense que j'avais plus d'appétit de vivre que
d'instinct de mort.»

Jetant un regard sur ses jeunes années, France croit que cette
enfance bâtie sur un profond déséquilibre l'a forcée à devenir
inventive, à la débrouillardise, à la survie. C'est l'image d'une
guérilla, d'une guerre d'usure contre des forces maléfiques qui
vient à l'esprit en écoutant France : «Je me suis forgé une sacrée
boîte à outils. Et cela m'a équipée pour plusieurs situations où les
gens ordinaires ne résistent pas. Moi, j'ai pu passer au travers.
Ce qui a failli me détruire m'a aussi sauvée.»

D'ailleurs, a-t-elle observé dans ses contacts avec des toxicomanes, ceux qui replongent ne sont souvent pas ceux qui ont eu
l'existence la plus dure. Elle parle des individus surprotégés, peu
habitués à l'adversité, prisonniers de leur dépendance, au mieux
se contentant de lever le pied sur leur consommation, se voilant
la face.

Dans son cas, une excellente constitution physique l'a aussi
aidée à se relever sans doute plus vite des dommages causés par les
abus, «quoique, quand je suis rentrée en désintox, je pesais 88 livres.
Tu ne manges plus, tu ne dors plus. Je dirais que j'ai eu à travailler
beaucoup pour me remettre d'aplomb». Mais la guérison s'est
effectuée sans médicaments, sans antidépresseurs. Pourtant, elle
souligne qu'il a fallu sept ans de psychanalyse et six ans de psycho-
thérapie, sinon, elle n'aurait sans doute pas pu laisser tout ce ressenti derrière elle, et ne serait pas abstinente aujourd'hui. En fait,
elle serait peut-être morte. «Avec mon histoire, il fallait de l'aide,
et sur du long terme. Quand j'ai arrêté de me droguer, je me

suis dit : " C'est mon seul problème dans la vie, je vais être bien "…
Erreur, cela ne faisait que commencer… »

La vérité, c'est que le retour à la vie n'a rien eu d'une promenade de santé : « Des fois je regarde ça et je me dis : " Bon Dieu, comment je faisais ? " » Quelques anecdotes fusent, en vrac, petits échantillons d'un quotidien qui devait être terrible. Par exemple, elle raconte être allée travailler avec des vêtements empruntés à des amies, en autobus, sans un sou. Et puis, il y avait les *pushers*, qui l'attendaient sur scène. On la reconnaissait. Zigzag infernal.

Elle devait trimer dur, acceptant tous les contrats, se refusant à être malade, pour s'en sortir, ne voulant pas non plus dépendre d'un amant ou d'un mari. Exigeante, rejetant tout compromis, elle voulait être à la base de son propre rétablissement, avec tout ce que cela comporte, sans s'autodétruire et sans détruire les autres. Tout un contrat. Un contrat respecté à la lettre.

Des âmes charitables ont joué leur rôle, comme cette amie qui lui a prêté 1000 dollars pour suivre une thérapie. Et c'est le monde du cinéma au premier chef qui lui a tendu la main. Qui a pris le risque de lui faire confiance. Elle a beaucoup tourné, ces années-là, ce qui lui a permis de rembourser toutes ses dettes.

Il faut dire que les rôles au grand écran pleuvaient : « Je devais correspondre à un manque pour le casting, on recherchait une espèce de femme de 44 ans à peu près, j'ai eu 7 ou 8 films d'un coup. » Le réalisateur André Forcier, par exemple, a été là pour elle et lui a confié des rôles, à elle qui n'avait plus droit à l'erreur.

France Castel en est venue à la conclusion qu'une sorte de rage de vivre sans compromis avait repris le dessus, elle qui revendique haut et fort « le droit de vivre en étant qui elle est », car c'est cela qu'elle porte en elle. « Me rétablir juste pour ne plus consommer, pas question. Cette sève-là, cette énergie, si tu n'y as plus accès, tu tues une partie de toi, alors autant se droguer. Tu es juste acceptable parce que tu es plus rassurant, tu as une attitude normale, tu ris moins fort, tu pleures moins fort. Non, moi je pense que tout être humain a le droit d'être qui il est. »

Et maintenant que le chemin de croix est derrière elle, France Castel juge qu'il s'agissait pour elle d'un passage obligé qu'elle ne peut renier et dont elle est sortie plus entière, plus forte. Et avec toute son intégrité.

ÉMERGER DE LA DÉPENDANCE

RENCONTRE AVEC GUY BOULANGER, PSYCHOLOGUE SPÉCIALISÉ DANS L'AIDE
AUX TOXICOMANES

Guy Boulanger conseille des toxicomanes et les guide vers le chemin de la guérison. Il a vu défiler toutes sortes de personnes accros à une substance ou à une autre, des cadres, des femmes au foyer, des gens modestes, de très jeunes gens comme des hommes mûrs. Alcool, cocaïne, médicaments, tous, à des degrés divers, enferrés dans une dépendance durable.

Certains le consultent brièvement. Dans d'autres cas, une relation de plusieurs années s'installe. Sortir de la dépendance est un processus complexe, constate-t-il, fort de son expérience. Lorsqu'un patient franchit pour la première fois le seuil de son cabinet, difficile pour Guy Boulanger de prédire avec certitude si cette personne parviendra à terme à juguler son problème, et combien de temps il lui faudra pour retrouver une santé psychologique et physique. Dans le cheminement du patient, tant vers la dépendance à une substance que, plus tard, vers la guérison, une multitude de paramètres entrent en jeu.

Cependant, sans se montrer catégorique, Guy Boulanger a pu au fil des ans ébaucher des profils de patients qui correspondent à ceux qui le consultent. Et parmi eux, Guy Boulanger a acquis la certitude que certains auront plus de difficultés que d'autres à sortir de la dépendance.

QU'EST-CE QUI FAIT QU'ULTIMEMENT UNE PERSONNE VA RÉUSSIR À SE SORTIR DE FAÇON DURABLE DE LA TOXICOMANIE?

Au départ, le thérapeute tente d'évaluer le degré de souffrance de la personne qui vient lui demander de l'aide, un paramètre fondamental pour la suite : «Tout dépend du mal de vivre qu'elle ressent».

Parmi les variables, et partie prenante de cette souffrance, aussi, le bagage affectif et psychologique : «Une personne aux prises avec de grosses carences affectives connaîtra un progrès vers la guérison plus ardu, le cheminement sera plus complexe, car il faut alors, dit-il, traiter la souffrance héritée du passé en même temps que la problématique de dépendance.»

Un exemple : «Une jeune femme qui aura été victime dans son enfance d'agression sexuelle, un homme qui aura été battu par un parent ou abandonné en bas âge, partira déjà avec un handicap qui pourra peser lourd dans le processus thérapeutique. Ainsi, et comme dans le cas du deuil, le fait d'avoir dans son existence des conflits non réglés entrera en ligne de compte.»

La stabilité émotive est donc un facteur de capacité de guérir, mais aussi la volonté réelle de la personne de s'en sortir : «Est-ce que je suis prêt à une vraie prise de conscience?»

Pour certains types de personnalités, puiser en soi la volonté de mener une vie sans drogue sera plus périlleux. Le psychologue a constaté que, bien souvent, les toxicomanes ont des personnalités émotives, extrêmes, pourrait-on dire, «que ce sont, soit des audacieux, des passionnés, des personnalités théâtrales, et aussi, ce qui est souvent lié, des personnalités anxieuses et sensibles ».

En revanche, il note avoir rencontré moins de toxicomanes chez les personnalités solitaires et chez celles qui sont extrêmement consciencieuses. Celles-là, d'emblée, et par nature, veulent faire la bonne chose au bon moment. Elles ont un sens aigu du devoir.

Les personnalités dites « borderline » (ou personnalités limites, souffrant d'un trouble de la personnalité caractérisé par des humeurs changeantes et souvent extrêmes) ont souvent des problèmes de dépendance, selon lui. Il ajoute que le pire pronostic est une personne aux tendances « borderline » associée avec une problématique d'alcoolisme : « C'est le pire pronostic que l'on puisse trouver, il est scientifiquement prouvé que dans ce cas, les perspectives de guérison sont très limitées et le rétablissement plus improbable. »

Guy Boulanger explique qu'un individu est déterminé à 50 % génétiquement, tant en ce qui concerne les caractéristiques physiques que les traits de personnalité, les troubles de l'humeur, mais aussi une certaine sensibilité à l'alcool.

« Dans le domaine de la génétique, précise-t-il, la recherche se fait de plus en plus pointue, et l'on peut de façon de plus en plus spécifique déterminer le degré de sensibilité d'une personne à certaines substances dangereuses. »

« Outre ces facteurs génétiques, nous sommes déterminés, dit-il, à 40 % par nos expériences uniques, et à 10 % par l'éducation familiale. »

Guy Boulanger précise tout de même que bien que l'influence familiale ne constitue qu'une mince proportion de qui nous sommes, les expériences uniques que nous vivons avec nos parents, et plus généralement avec notre entourage, ont un impact très fort, dans le meilleur comme dans le pire.

Ces facteurs génétiques, qui déterminent certains traits de personnalité, font en sorte qu'une personne peut avoir un peu plus de difficultés à composer avec les écueils de la vie, et dans le cas qui nous occupe, à réagir face à une addiction.

Mettant bien des bémols, il explique : « Il y a toujours des gens qui se sortent un peu plus facilement que d'autres d'un événement traumatisant, et ce sont souvent, pas toujours, les personnes ayant des personnalités un peu moins anxieuses ou qui sont plus équilibrées. »

« Tout cela, dit-il, est bien complexe, mais plus l'on possède de maturité émotive, plus on est une personnalité équilibrée, solide, rationnelle, capable de prendre des décisions avec le cortex cérébral, tout en étant en contact avec son monde émotionnel, mieux on est équipé pour affronter l'adversité. Car, selon lui, le problème des personnalités anxieuses, émotives, comme ceux qu'il nomme les audacieux ou encore les « borderline », est qu'elles sont toujours en prise directe avec leurs émotions, et non leur côté rationnel.

L'art du thérapeute, justement, avec ces personnes plus fragiles, sera de leur apprendre à régler leur mal de vivre. Il leur donnera des exercices concrets d'apprentissage des mécanismes les aidant à se prendre en main, afin « de diminuer le volume émotionnel, puis de se brancher sur le cortex cérébral. »

Pour certains, le chemin est plus ardu que pour d'autres. Il cite l'exemple de l'une de ses patientes, une jeune fille très intelligente, ultradiplômée, mais qui est clairement une personnalité « borderline » et ne peut s'extirper des difficultés émotionnelles. « Si cette jeune femme reste un certain temps sans aide psychologique, son naturel reprend le dessus et la patiente rechute dans la dépendance. »

« En matière de toxicomanie, dit-il, l'important, pour le thérapeute, est d'établir un lien solide avec le patient, et ce, avant tout pour l'aider à persévérer, à demeurer dans le traitement assez longtemps pour aller vers un changement durable. »

« Pour se sortir d'une dépendance, dit Guy Boulanger, il faut absolument partir d'une prise de conscience, admettre qu'on a un problème et avoir envie de vivre, et de vivre sans alcool, sans drogue, sans substitut extérieur. Il s'agit donc pour le sujet de passer par un certain nombre d'étapes de motivation au changement : la première étape peut être appelée celle de la PRÉCONTEMPLATION, une période où l'individu ne voit aucun problème à sa consommation, mais où, par contre, son entourage, lui, perçoit un problème. »

Souvent, les gens viennent consulter un thérapeute poussés par un ou plusieurs de leurs proches. À ce stade, l'individu dit vouloir s'en sortir, mais, dans les faits, il ne voit pas réellement pourquoi. « Ils viennent pour faire plaisir à leur femme, leur mari, leur mère, pour le travail. »

Une deuxième phase succède à la précontemplation, celle de la CONTEMPLATION. Une étape caractérisée par l'ambivalence de la personne concernée quant à sa situation. « Oui j'ai un problème, mais prendre de la drogue me fait du bien. »

Guy Boulanger évoque ainsi l'un de ses patients cocaïnomane qui a suivi à deux reprises une cure de désintoxication payée à grands frais par son employeur. Ce cadre d'une entreprise, poussé dans ses derniers retranchements, craignait le renvoi pur et simple, mais refusait cependant de refaire le chemin de la cure. Il désirait trouver une autre solution, sans savoir comment procéder.

Après l'ambivalence suit l'étape de la PRÉPARATION, celle où l'on avertit tout notre entourage du problème qui nous afflige. « Cette étape est essentielle, souligne le thérapeute, et fait partie intégrante de la marche vers la guérison. Souvent, les gens n'en parlent pas à leur entourage. En effet, il est facile, pendant un mois, de garder le secret sur un processus de désintoxication, de s'inventer un voyage, une absence. »

« Mais en général, pour réussir, nous avons besoin d'appui au cours du processus de guérison, explique-t-il. C'est la loi de l'effet. Il faut évaluer une situation globale : un individu plus une substance plus un contexte social. Fréquemment, dit-il, la cure échoue parce qu'elle ne va prendre en compte que deux des trois aspects, comme la réhabilitation de l'individu et le contrôle de la substance, en négligeant le contexte social. »

Les cliniques de désintoxication ont bien entendu leur utilité, pour le thérapeute, mais tout dépend de leur approche : Il y a de bonnes maisons, comme Jean Lapointe et d'autres du même type, et celles-là offrent un suivi à long terme à la personne et à sa famille. Considérant la situation du malade dans son ensemble. « C'est ce qui fait toute la différence. » Car si l'on renvoie la personne dans ce même mal de vivre, elle va retomber, c'est fatal. Comme si l'on ne réparait qu'une pièce du puzzle.

Le rôle du thérapeute dans cette phase préparatoire est donc de fixer avec le patient des objectifs réalistes, et de s'assurer qu'il est bien entouré.

Guy Boulanger raconte le cas de ce chef d'entreprise qui, pendant longtemps, avait dissimulé sa dépendance à tout le monde, sauf à son épouse. Révéler son problème à sa famille, à ses collègues, s'est avéré excessivement difficile, douloureux même, mais à terme très bénéfique, parce qu'en période de crise, il a bénéficié de l'aide de tous, et non pas uniquement de celle de sa femme.

Après la phase de préparation, c'est le moment de passer à l'ACTION. Alors, on décide d'arrêter, de se bâtir une vie sans drogue…

« En général, raconte Guy Boulanger, il faut arrêter net de consommer, pour éviter la rechute. Les recherches montrent en effet que seuls 10 % des toxicomanes peuvent maintenir ce que l'on appelle une consommation contrôlée, et encore, cela ne s'applique pas aux drogues dures pour lesquelles la dépendance physique est trop féroce. »

Cette capacité à se limiter à une consommation moindre au quotidien varie grandement selon les individus. « Tout dépend si l'on est génétiquement sensible, si dans votre famille, il existe une histoire d'alcoolisme. » Dans ce cas, pour éviter tout risque de rechute, la seule solution est sans doute l'abstinence totale.

Une fois le programme d'abstinence en place, les systèmes de soutien bien étayés, lorsqu'on voit que la personne en voie de sevrage va bien, il s'agit d'entrer dans une phase de MAINTIEN, qui se doit elle aussi d'être cohérente.

Parmi les facteurs de réussite à long terme, Guy Boulanger évoque une nouvelle fois l'importance de l'entourage, mais aussi pour certains le recours aux groupes d'entraide, tels que les Alcooliques anonymes, qui représentent un réseau efficace et gratuit.

L'individu en voie de s'en sortir doit apprendre à considérer la vie jour après jour. Chaque journée passée sans consommer est une victoire sur l'addiction. Il lui faut aussi s'occuper, pour se distraire de son envie de consommer. Celui qui a un bon réseau social est actif et pratique des activités sportives mettra ainsi toutes les chances de son côté pour éviter de replonger.

ALI NESTOR CHARLES
MISER SUR SOI, ENVERS ET CONTRE TOUS

LA RUE, LES GANGS

Le gymnase de l'Académie d'arts martiaux est quasiment vide en cette radieuse fin d'après-midi. Un jeune homme, seul, s'entraîne, sur un fond musical de rap, en sourdine. Les miroirs muraux renvoient, démultipliée, l'image de la haute et mince silhouette, parfaitement découplée, du maître de l'école, Ali Nestor. Ali Nestor, dit Prince de la rue. L'homme, un athlète d'une beauté exceptionnelle, frôle sans doute la trentaine, mais sa maturité et la profondeur de son regard n'ont pas d'âge.

Ce gymnase, cette école qui se consacre à toute une gamme d'arts martiaux, c'est le cœur de son royaume. Un microcosme bénéfique destiné à accueillir, à recueillir, pourrait-on dire, les jeunes en difficulté, notamment ceux de la rue, que cette dernière menace d'avaler tout crus. Ce sont des garçons, le plus souvent, décrochés du système scolaire. Il y a ceux qui frayent avec la délinquance et les gangs, mais la plupart ont simplement besoin d'un petit coup de pouce pour y croire encore. Ici, sous son aile et son regard sérieux, mais toujours bienveillant, des jeunes « à risque » tentent de recoller au système, de demeurer à l'école en canalisant leur rage grâce à l'exercice et la discipline. Aux côtés d'Ali, ils se façonnent un avenir, trouvent la sortie de cette impasse que constitue la vie dans la rue, forts du mentorat de cet aîné.

Ali Nestor dispose de tous les outils nécessaires pour les y aider, et il s'y consacre sans partage, car, dit-il, c'est sa mission, sa raison d'être. Aux yeux des garçons qu'il rencontre, il est investi de toute la crédibilité possible, car lui aussi vient de loin, de beaucoup plus loin sans doute que la plupart des gamins qui fréquentent son école.

Ali Nestor, il y a maintenant des années, a transformé sa vie du tout au tout. Il a choisi de sortir de la rue, d'un monde de violence et de délinquance qui a avalé une partie de sa jeunesse, manquant de justesse d'avoir aussi sa peau. Tout simplement. Un jour, Ali Nestor a choisi de se forger une nouvelle identité, et de se consacrer à tendre la main aux autres, le seul choix viable pour lui, dit-il aujourd'hui.

L'homme porte les traces de ses années de galère, y compris des cicatrices qui attestent des bagarres de ruelles. Ali Nestor n'est pas fier de son passé, mais il ne le renie pas non plus, car il s'en sert dorénavant comme d'un pont pour aller à la rencontre des jeunes en perdition.

Entre 12 et 18 ans, le garçon qu'il était a sombré au plus profond d'une vie marginale, risquant parfois sa vie. Il a échoué dans des centres destinés à des jeunes en difficulté et en est ressorti impénitent à plusieurs reprises. Nombre de ses camarades sont passés par la prison pour des séjours plus ou moins longs, certains y sont restés. Plus d'un, aussi, a trouvé la mort.

Aujourd'hui, Ali Nestor est respecté par une communauté toujours plus grande de préadolescents, d'adolescents et même d'adultes. Le plus souvent, les jeunes qui gravitent autour de son monde très masculin, centré sur le sport et sur le combat, mais un combat civilisé, codifié et limité au ring, viennent de différents milieux. Parfois issus de l'immigration, ils cherchent une appartenance, une identité, qu'incarne un grand frère que l'on admire. Pour eux, Ali Nestor veut substituer un attachement positif à celui de l'échec ou de l'exclusion.

« Beaucoup de jeunes sont le reflet de ma propre jeunesse et représentent la vie, les coups durs de ma jeunesse. »

LE DÉFI DE S'INTÉGRER

Sans cacher son passé, sans dramatiser, non plus, Ali évoque de sa voix grave, à l'élocution lente, la pente glissante qui l'a mené vers la délinquance. Pendant son récit, son téléphone cellulaire sonne à maintes reprises. On le consulte, on lui demande conseil. Quelques collaborateurs entrent et sortent de la petite pièce où nous cherchons refuge afin de pouvoir parler au calme ; ils ont une question, besoin de précision, de confirmer un rendez-vous. Ali Nestor, on le sent, est l'âme de l'endroit. Le pivot. Sans lui, tout s'arrêterait, sans doute.

Très jeune, il a débarqué d'Haïti avec ses parents, son frère et sa sœur. La famille a trouvé bien raide l'intégration à son nouveau milieu : « Mes parents ont dû tout recommencer. Ils avaient une situation assez enviable dans leur pays, et sont tombés de haut en arrivant ici. » Son père, un homme qu'Ali décrit comme autoritaire et assez rigide, servait dans l'armée haïtienne. Sa mère tenait une épicerie. Une vie normale, dans une aisance relative. « Nous sommes passés de la classe moyenne à rien du tout. » Le père, un homme orgueilleux, a dû vivre ce qui pour lui constituait l'humiliation de laver la vaisselle à l'hôtel Hilton pendant de nombreuses années pour gagner son pain, tandis que la mère trimait dans une manufacture. Calmement, sans émotion apparente, le jeune homme évoque les premières années «très dures pour mes parents». Mais tout aussi difficiles pour les enfants, ajoute-t-il pensivement. «Nous avions moins la présence de nos parents à nos côtés, et nous étions déchirés entre la culture québécoise et le mode de vie haïtien.» Car leur identité, par la force des choses, devenait double, avec à la maison la culture du pays d'origine, et à l'extérieur, les codes de la société nord-américaine et québécoise, «à laquelle nous, les enfants, voulions nous intégrer à part entière».

À cinq ans, se faire accepter quand on est noir, surtout dans le Québec d'il y a un quart de siècle, n'allait pas forcément de soi. Les débuts à l'école ont été pour Ali l'occasion de faire connaissance avec le racisme, qui, souligne-t-il, était beaucoup plus toléré à cette époque que de nos jours. «Aujourd'hui, quelqu'un qui commencerait à insulter un passant en raison de la couleur de sa peau, on le regarderait bizarrement. Il se ferait critiquer et reprendre. Mais en ce temps-là, ça paraissait presque normal.»

Premier contact aussi avec un sentiment d'humiliation, l'impression d'être marginalisé et stigmatisé systématiquement, sans trop en comprendre les causes. Mais déjà avec au ventre la détermination de ne pas se laisser broyer, dominer: «La première fois que cela t'arrive, tu ne sais pas trop ce que c'est. À l'école, tu entends toutes sortes de noms, et tu sais que tu as intérêt à ne pas te laisser marcher sur les pieds.»

La fierté et l'orgueil du père, à cette époque, ont pesé bien lourd sur les jeunes épaules d'Ali et de son frère: «Pour mon père, il n'était pas question que ses enfants se laissent humilier par qui que ce soit, je le savais, et c'est quelque chose qui m'est toujours resté, toujours.» Le petit garçon, en répondant aux insultes et à la discrimination, avait inconsciemment, il le sait à présent, un objectif double : celui de se défendre, mais aussi celui de laver l'orgueil souillé d'un père réduit à laver la vaisselle des autres.

Ce père, qu'Ali, pourtant, ne comprenait pas, le trouvant froid et cassant : « De son point de vue à lui, il a été obligé de mettre de côté son orgueil pour pouvoir nous offrir un avenir plus tard, mais nous, les enfants, nous ne voyions pas le sacrifice de nos parents, nous nous sentions délaissés. » Et puis Ali ne pouvait s'empêcher de comparer la façon d'agir des parents québécois vis-à-vis de leurs enfants avec celle, plus inflexible, de son père, qui était peu expansif et imposait la discipline chez lui : « Nous faisions beaucoup de comparaisons avec la culture québécoise, les parents québécois sont hyper affectueux, communicatifs. » Alors que le père d'Ali exigeait surtout le respect : « Il fallait qu'on écoute, et tu ne regardais pas tes parents dans les yeux, cela ne se faisait pas. »

Le jeune homme comprend maintenant que son père n'avait à cœur que le bien-être de ses enfants, mais à l'époque il ressentait une pression écrasante, une obligation absolue de résultat, en particulier en ce qui concernait les résultats scolaires et les perspectives d'avenir : « Il fallait être médecin, ingénieur, agronome, pas question de songer à devenir mécanicien, travailleur manuel, il fallait le top ! »

Ali Nestor allait à l'école pour ses parents bien plus que pour lui-même, bien qu'il ait eu une certaine facilité en classe. Il ne voyait tout simplement pas la finalité de ces études. « Ce décalage entre les attentes de mes parents et ce que je ressentais a été l'une des causes de ma dégringolade… »

À la suite d'un déménagement, la famille s'est établie dans le quartier Saint-Michel de Montréal, un milieu assez dur et défavorisé, qui n'était pas exempt de problèmes sociaux, loin de là.

« Et là, nous avons commencé à voir autre chose, une autre facette de la société d'ici. » On voyait des gens qui hantaient les parcs, des jeunes qui ressemblaient à des membres de gangs. Et eux, se souvient Ali comme si c'était hier, n'avaient pas l'air du tout humiliés. Ils marchaient dans la rue la tête haute, en conquérants. Pas comme ceux de sa communauté qui, comme lui et les siens, respectaient les règles.

Les premiers gangs de rue au Québec, rappelle-t-il, n'étaient pas forcément axés sur la violence. Ils étaient nés au sein d'une communauté soucieuse de se protéger du racisme ambiant. « Les jeunes se regroupaient pour ne pas se laisser marcher sur les pieds, pour se défendre, tout simplement. »

Du temps de l'enfance d'Ali, les groupes de *skinheads* étaient très visibles. Ali revoit les silhouettes vaguement menaçantes de ces extrémistes, adeptes de toute la symbolique nazie qu'ils brandissaient impunément, avec leurs bottes montantes, le crâne rasé, et « pour les identifier, des lacets blancs qui représentaient à leurs yeux la supériorité de leur race ». Il se souvient avoir grandi dans un Québec où existaient ces tensions raciales, du moins dans certains secteurs de la métropole : « Il y avait beaucoup de violence envers les immigrants et de peur parmi les communautés. »

C'est dans ce contexte de tensions qu'Ali a abordé le délicat virage de l'adolescence. « Ce genre de choses fait que, bien vite, on a envie de faire partie d'un groupe qui vous est solidaire. » Car le gang, avant d'incarner la délinquance et le rejet de l'ordre établi, est un milieu, une sorte de famille, qui témoigne à ses membres de l'affection, à sa manière, et les protège d'un monde sans merci. « C'était aussi une présence, pour moi qui souffrais de moins voir mes parents, car nous étions souvent seuls à la maison. »

Et puis, au début, en tout cas, dans cette phase de séduction, de lune de miel, «les gangs savent te flatter du bon côté, ils te valorisent beaucoup». Alors, tu préfères rester parmi eux, dans cette petite famille où tu as trouvé ta place et où «tu te sens quelqu'un, alors que, chez toi tu es davantage l'objet de réprimandes qu'autre chose, tu es soumis au dictat des parents».

Car jusqu'à très tard dans sa vie d'adolescent, rapporte Ali Nestor, ses parents imposaient à leurs trois enfants une discipline de fer, dans tous les aspects du quotidien, allant même jusqu'à choisir les vêtements de l'adolescent. «C'était une éducation très traditionnelle.» Jusqu'à ce qu'Ali fasse éclater le carcan.

L'ÉCOLE DE LA RUE

Au début du secondaire, Ali et ses amis avaient déjà eux aussi formé un groupe à l'école, une bande de novices qui voulaient se faire remarquer. «Ce n'était pas un gang de rue en règle, mais aux yeux des autres, il était considéré comme tel, parce que nous avions un style vestimentaire facilement identifiable.» Ce n'est que par la suite qu'Ali est entré dans un vrai gang. Il a dû travailler fort pour être accepté dans ce groupe.

Ce gang, l'un des regroupements majeurs de ce type au Québec, existe aujourd'hui encore, et ses activités préoccupent toujours les services policiers de Montréal. Mais, confirme Ali, il a beaucoup évolué au fil des ans : «Les membres d'aujourd'hui ne sont pas ceux d'hier.»

C'est dans les années 80 qu'a réellement débuté le phénomène des gangs de rue, rapporte le Service de police de la Ville de Montréal (SPVM). La définition stricte de gang de rue, selon les autorités, est un regroupement d'adolescents ou de jeunes adultes, plus ou moins structuré, qui privilégient la force de l'intimidation du groupe et la violence pour accomplir des actes criminels dans le but d'obtenir pouvoir et reconnaissance et/ou de contrôler des sphères d'activités lucratives. La police distingue trois profils de gangs de rue :

- La bande de jeunes, qui ne commet que des infractions mineures.

- Le gang émergeant, qui a pour modèle les gangs établis, mais est moins structuré et se cantonne dans des activités telles que le taxage, les menaces et certaines agressions.

- Le gang majeur, qui commet des crimes plus graves, ciblés, et qui est clairement structuré.

Dans la structure du groupe, où chacun avait une place bien déterminée, un rôle précis, il était ce qu'il appelle un « soldat », celui qui défend l'honneur du clan. En première ligne, donc, lors des nombreux affrontements et des bagarres générales.

Sans doute sans le savoir, il devenait une sorte de caricature, de pendant de son père, l'homme de l'armée. « Je suis devenu un soldat, mais certainement pas le bon soldat que mon père aurait souhaité. »

Cette vie de la rue était riche d'aventures, « beaucoup d'adrénaline », et de danger. Mais la peur, explique Ali Nestor, tenait assez peu de place. Du moins, il ne la percevait guère, pris qu'il était dans un tourbillon d'action : « Tant qu'il ne t'arrive rien de grave, tu ne t'en rends pas compte, tu n'as pas de recul. »

Mais un jour survient un incident sérieux, justement, un coup de semonce du destin : « Quand ça, c'est arrivé, là, j'ai pris conscience du danger de cette existence. »

Lors d'une expédition, Ali a essuyé les tirs d'une bande adverse décidée à avoir sa peau, n'échappant que de justesse à la mort.

S'il a finalement pu semer ses poursuivants, le jeune homme a tout de même reçu une balle à la jambe, « mais sur le coup, on ne s'en rend pas compte ».

Un épisode qui l'a sidéré, mais lui a aussi conféré le statut de héros, de caïd, auprès de ses camarades. « J'avais à peu près seize ans, et soudain je détenais du pouvoir, je n'étais plus un novice. »

SAGE COMME UNE IMAGE

Et ses parents, dans toute cette histoire, ces figures d'autorité auxquelles il s'opposait ? « Mes parents ne voyaient pas tout ça, ils m'ont en fait toujours connu comme celui qui était sage comme une image, qui ne haussait jamais la voix avec personne, qui ne regardait pas dans les yeux. » Le bon garçon de la famille, sur lequel reposaient tous les espoirs d'une vie meilleure au Québec.

Cependant, Ali ayant abouti au poste de police, puis dans un centre pour jeunes en difficulté, la vérité est finalement devenue apparente, impossible à dissimuler. « Quand ils ont appris que j'avais été arrêté, ils n'en revenaient pas et disaient : "Il y a erreur sur la personne, messieurs, on l'a sûrement forcé, on lui a mis une arme sur la tempe, ce n'est pas celui qu'on connaît." »

Entre-temps, il avait fini par décrocher complètement de l'école, une réalité avec laquelle il n'avait plus rien à voir dans son quotidien de membre d'un gang : « Ce qui m'intéressait, c'était la rue, mon royaume. »

À trois reprises, Ali a brutalement été retiré de ce royaume pour être interné dans un centre pour jeunes en difficulté. Un milieu confiné et étouffant auquel il résistait de toutes ses forces : « On voulait me faire parler, il fallait jouer le jeu de la thérapie, mais moi, je ne leur parlais pas ; ils voulaient que je m'explique, que je m'analyse, mais je n'avais pas été habitué à m'expliquer. »

Ali, qui dit avoir toujours fait confiance à la force d'un cheminement individuel pour sortir d'une situation difficile, refusait l'aide offerte par les différents services du centre, lui qui ne croyait pas au système, mais se pliait apparemment aux règles pour pouvoir sortir le plus vite possible. Il n'avait d'autre choix que de participer aux thérapies de groupe. Se souvenant avoir longuement écouté les autres se raconter, il se revoit, silencieux, stoïque, ne révélant rien de lui. Pas question en effet pour le dur de dur, le soldat confirmé, d'étaler sa vulnérabilité au grand jour, et de courir ainsi le risque d'être jaugé et critiqué. Ali raconte d'ailleurs que dans certains cas, ceux qui jouaient le jeu et se livraient ouvertement perdaient gros, se retrouvant mis à l'index par les autres et sans plus d'amis autour d'eux.

Au troisième séjour, le plus long, Ali Nestor, qui approchait de l'âge adulte, s'est pourtant mis à penser furieusement, malgré son refus du système : «Veux veux pas, tu es enfermé pendant de longues heures, privé de ta liberté. Tu prends du recul. Et c'est là que les idées ont commencé à me rattraper.»

De sa petite chambre austère et dépouillée, il a eu tout le loisir de revivre certains événements, les expéditions risquées, les mauvais coups, commis à l'extérieur. Il a aussi beaucoup pensé à ses amis morts, «Untel qui a plongé, celui-ci qui a disparu, ceux-là qui sont morts avant d'avoir vingt ans». Tout ce sur quoi l'action frénétique ne lui permettait guère de s'attarder au cours de ces années passées dans la rue.

SAUVER SA MÈRE

Cette prise de conscience a déclenché un réflexe vital, estime-t-il, qui l'a aidé à changer de vie. Mais, plus déterminant encore, l'état de santé de sa mère, qu'il voyait dépérir sous ses yeux, minée par le fait de voir son fils sombrer dans la délinquance. « Elle est tombée malade de me voir vivre ainsi. » Le coup de grâce, le déclencheur ultime, est arrivé le jour où sa mère est venue lui rendre visite au centre jeunesse, lors de son troisième séjour. Cette femme amaigrie, faible, s'est plantée devant son fils, le regardant dans les yeux, et lui a déclaré : "Est-ce qu'il faut que je meure pour que tu arrêtes, est-ce que c'est ce que tu veux ?" »

« C'était lourd, pesant, et ça m'a fait réfléchir. J'ai fini par prendre la décision moi-même et je me suis fait le serment que c'était la dernière fois que je faisais souffrir ma mère, que j'allais en centre jeunesse. Que j'allais m'en sortir, m'accrocher à mon rêve. » Son rêve, ce qui l'a toujours fait vibrer, celui de devenir un expert, un maître dans les arts martiaux. Et en marge, l'engagement de mener une vie normale.

LE RING DE LA RÉINSERTION

Pour cela, il fallait qu'il prenne confiance en lui et qu'il ait le sentiment de sa valeur : « Je me suis dit que je n'allais plus écouter tous ceux qui me disaient que j'étais un bon à rien et que j'allais finir en prison ou à la morgue. »

Mais ce n'était pas une mince affaire, d'autant que son père avait « fait une croix » sur lui, et que la société en général ne le reconnaissait plus comme quelqu'un de bien : « C'est dur, parce que si on te dit que tu es un bon à rien, tu finis par le devenir. »

Heureusement, une fois sa décision prise, Ali Nestor s'est entêté. Cette fois, rien ne le ferait déroger de son plan, celui de raccrocher au monde « normal ».

« Je suis sorti du centre jeunesse, et là, j'ai commencé à m'entraîner. » Il s'est aussi inscrit à l'école pour adultes dans le but de finir son secondaire. «Là, je me suis dit, c'est ta dernière chance, et si tu veux y arriver, il faut que tu changes tout dans ta vie, de A à Z.»

«Il a fallu que je m'accroche à mon rêve. Sinon, je ne sais pas comment j'aurais pu réussir à transformer mes énergies négatives en positives.»

TRANSFORMER LE MOINS EN PLUS

Il lui a alors fallu chasser toutes ces influences néfastes, faire mentir tous ceux qui lui disaient qu'il allait mal finir, que la mort était au bout du chemin. Ce négatif, Ali s'est acharné à le métamorphoser, mieux, à utiliser cette énergie pour attiser sa volonté de réussir.

Il vivait pourtant dans l'isolement et la peur, un état qui a duré de longs mois. «Ça a été très dur, j'ai fait de petits pas, de tout petits pas pour m'en sortir.» Sa mère, seule contre tous, croyait en lui: «Il suffit d'une personne qui soit là pour toi et elle a été à mes côtés, constante.»

Sa mère d'un bord, les arts martiaux de l'autre. Et, entre les deux, au début du moins, le néant, aucun ami, car il avait rompu définitivement avec les gangs de rue, le seul milieu qu'il connaissait. Des gens qui, les premiers temps, le recherchaient, car on ne sort pas ainsi de cette étrange famille, on ne rompt pas aisément avec un tel passé. «Tes anciens copains se demandent pourquoi tu pars, et si tu vas jouer les informateurs auprès de la police. Si tu es un traître.» Et puis les bandes rivales veulent, soit te recruter, soit avoir ta peau pour se venger des rixes qu'ils n'ont pas oubliées, des blessures infligées aux leurs. La police aussi aimerait bien te parler, voir ce que tu deviens, et si tu peux leur être utile pour leur donner de l'information. «Je ne sortais pas beaucoup, car j'étais recherché. » Il a fallu faire comprendre à tout ce beau monde qu'Ali ne constituait pas une menace et ne voulait que la paix.

Changeant radicalement de style vestimentaire, coupant ses *dreadlocks*, ôtant ses boucles d'oreilles et supprimant tous les anciens symboles qui criaient son appartenance au clan, Ali se cachait, allait souvent dormir dans différents lieux. « Les pantalons tombants, c'était fini, j'étais méconnaissable. » Ali sourit en repensant à l'adolescent qu'il était, à sa dégaine. À son attitude et à sa démarche aussi.

Mais il n'est guère facile de nouer de nouvelles relations, car sa réputation le précède : « Les gens ont quand même entendu parler de toi. Il n'y a pas grand monde qui veuille vraiment être ami avec toi. Là encore, d'une autre façon, il faut que tu fasses tes preuves un petit peu partout. » Et se tailler une place toute neuve parmi les amis potentiels, mais aussi au sein de la famille, qui, l'ayant vu replonger, n'y croit plus vraiment.

Cette relative solitude a sans doute aidé Ali à miser fort sur son perfectionnement en arts martiaux et à devenir un véritable champion. « Je m'entraînais d'arrache-pied, ne comptant pas mes heures, je pratiquais bien plus que la normale. » Son objectif : devenir maître, participer à des compétitions de haut niveau et, à terme, avoir son école. Et puis aussi, rêve de gamin, tourner des films comme a pu le faire Bruce Lee.

« J'y croyais. Il n'y avait personne autour de moi qui y croyais, mais moi si, absolument. Je voulais surtout prouver à tout le monde qu'ils avaient tort et que je pouvais devenir quelqu'un. Je l'ai fait pour ma mère, aussi. »

Il s'est essayé, toujours avec succès, grâce à un travail effréné, à la plupart des disciplines de combat, inventant au bout du compte son propre style, allant puiser une technicité à des sources diverses. Le jeune athlète a commencé à participer aux rencontres sportives de haut niveau, à entrer dans l'univers de la compétition, la vraie, celle où l'on suit les règles et où le respect de l'adversaire est une valeur cardinale. En particulier, Ali a collectionné les médailles dans la discipline du Senshu, représentant le Canada plusieurs fois dans les championnats internationaux et les championnats nord-américains.

Là, un grand sourire se dessine sur le visage sérieux du jeune homme quand il évoque l'immense fierté de sa mère le jour où un article de journal a souligné la victoire de ce fils qui revenait de loin, l'ancien membre de gang, lors d'une de ces rencontres de haut niveau : « Quelqu'un qui connaissait ma mère avait vu l'article, et c'était une sacrée victoire, car pour une fois on citait mon nom, mais pas du tout de façon négative. »

LA VOCATION RÉVÉLÉE

Bien en selle vers sa deuxième vie, Ali Nestor allait bientôt découvrir, qu'outre les arts martiaux, ou plutôt en marge de cette discipline, se cachait une vocation, celle de venir en aide aux autres.

Formé par un de ses maîtres, il a commencé à enseigner. Il y a immédiatement trouvé une immense satisfaction. Une raison d'être toute neuve.

« Dans ce rôle de maître, je retrouvais quelque chose de beaucoup plus fort même que le sentiment éprouvé dans des compétitions de haut niveau. En transmettant aux autres, je retrouvais ce sentiment d'appartenance dont j'avais tant besoin et que le gang m'avait jadis apporté, mais de façon négative. Cela allait chercher quelque chose de vraiment fort en moi. »

Son maître l'a ensuite aidé à ouvrir une école. Les débuts furent modestes : « Je louais une salle dans un gymnase, trois fois par semaine, j'avais mon petit groupe d'étudiants, je donnais mes cours ainsi. » Au bout d'un an, une bonne clientèle s'était formée autour de lui, et, appuyé par sa mère qui avait hypothéqué son logement pour le financer, il ouvrait sa propre école. « Avec mon entreprise, j'ai dû prendre à bras le corps toutes les responsabilités qui vont avec : la gestion, les finances, tout du neuf. J'étais passé de soldat à homme d'affaires », conclut le jeune homme avec satisfaction, défiant le passé.

N'épargnant pas les efforts, il se souvient avoir travaillé dur, gagnant son pain et enseignant jour comme soir, sa mère, toujours présente en filigrane, pour lui donner un bon coup de main.

Ali a d'abord donné des cours à monsieur et madame tout le monde et peu à peu, sans s'en rendre compte, a commencé à voir des jeunes graviter autour de lui, de sa planète forte et sensible, des ados qui voulaient s'entraîner à ses côtés. « Je ne le comprenais pas, mais ils étaient proches de moi. Ils cherchaient un mentor, une figure inspirante, mais cela ne s'était pas encore révélé en moi. »

Un jour, un jeune homme de 18 ou 19 ans est venu le voir et lui a dit : « J'ai besoin d'aide. » Il avait ramassé une affiche sur laquelle s'affichait une publicité pour l'école d'arts martiaux d'Ali Nestor, avec la photo du jeune maître.

« Ce gars ne savait pas que quelqu'un de sa communauté avait avancé ainsi, était allé aussi loin dans les arts martiaux. Il avait toujours rêvé d'en faire, mais avait peur d'être mal accueilli s'il allait dans les autres écoles. »

Le gamin paumé n'avait pas d'argent pour payer ses cours, mais Ali a accepté de le laisser s'entraîner, contre de petits travaux dans le gymnase. Ce jeune homme avait aussi un problème de consommation de drogue. Ali, un peu désarçonné, lui a dit : «Je ne sais pas de quelle façon je peux t'aider pour les problèmes de consommation, mais je vais être là, pour toi, c'est certain, si tu as besoin de moi. Je vais prendre soin de toi.» Comme un grand frère, une figure toujours présente, sur qui on peut compter pour un coup de main ou un coup de pied aux fesses.

«Ç'a été une belle aventure. Il a fait des progrès incroyables, a lâché la drogue, et a fini par participer à des championnats, lui aussi.» Puis la recrue a commencé à enseigner aux côtés d'Ali. «Nous avons même donné des conférences ensemble.»

Cette rencontre a confirmé à Ali que sa vocation se situait là, dans ce rôle de mentor, de modèle et de soutien. Et c'est ainsi que l'aventure du Prince de la rue a commencé. D'autres jeunes en difficulté ont convergé vers Ali, le mentor, le maître en arts martiaux, celui vers qui on peut se tourner quand la tentation de la rue devient trop forte.

C'est avec ce premier «client» qu'Ali a vraiment compris quelle était la voie qu'il devait emprunter, «l'enseignement, oui, mais l'enseignement humanitaire, bien plus que de donner des cours, bien plus que d'enseigner les arts martiaux.» Apprendre à vivre, à survivre et à trouver le meilleur de soi, pour se bâtir une identité forte. L'école a grandi, les élèves se sont multipliés, chacun venant y chercher une aide spécifique.

Les arts martiaux, pour Ali, ne sont qu'un vecteur pour atteindre un but. Ils sont aussi un bon moyen de canaliser la rage, et pas seulement pour la jeunesse fragile. «Dans ma pratique, je travaille aussi avec beaucoup d'adultes, des hommes et des femmes de 40, 50 ans, qui n'ont pas réglé certains problèmes dans leur existence.» En eux, un malaise, ou parfois une violence sourde, des aspérités à émousser. «Ils ont compris que je pouvais faire quelque chose pour eux.»

Mais le soutien qu'offre Ali Nestor ne se limite pas à canaliser l'énergie ou la colère dans les arts martiaux. Pour ses jeunes protégés, il assure aussi tout un encadrement, une forme de service d'orientation, avec de l'aide aux devoirs, un appui aux jeunes décrocheurs et des stages rémunérés en milieu de travail. Jouissant aujourd'hui d'une solide notoriété, Ali Nestor Charles peut établir des partenariats. C'est un interlocuteur respecté dans le monde des affaires tout autant que dans celui des arts martiaux.

Son histoire, son parcours, son œuvre sont devenus l'un de ces modèles dont ont tant besoin les jeunes de la ville.

UN CHOIX INDIVIDUEL

Parmi mille autres, l'école d'Ali Nestor constitue maintenant une piste de solution au problème de l'exclusion sociale et de la violence urbaine, de l'oisiveté, de la pauvreté aussi.

Car Ali pense encore qu'il aurait pu rester pris au piège de son adolescence rebelle. Ce qui l'a sauvé : lui-même, répond nettement le jeune homme. « En fin de compte, ce que tu fais de ta vie, c'est une décision que prend l'individu. Moi, j'avais le choix d'arrêter ou de continuer. »

Il était rendu à un point où il était clairement conscient de ce qu'il faisait : « Il fallait alors que je décide, soit de devenir un véritable criminel endurci et de réussir dans ce domaine-là, ou bien, parce que je m'étais tout de même rendu compte que je possédais certains atouts, de réussir en me conformant aux règles de la société. J'avais le choix, le positif ou le négatif. »

Parfois, dit-il, il te faut de l'aide, une force extérieure, pour prendre conscience de ta valeur, de tes forces, pour te révéler à toi-même. C'est ce rôle qu'il joue auprès des jeunes « à risque » qui viennent le voir. « Mais il faut aussi une démarche individuelle, tant que quelqu'un n'effectue pas de prise de conscience, on ne peut rien faire pour lui.»

Quand un jeune passe la porte de son académie, Ali lui pose la main sur l'épaule et lui déclare de but en blanc que, oui, il va travailler avec lui, mais que pour se délester de ses problèmes, il doit lui-même choisir de changer sa personnalité du moment, de transformer le négatif en positif, pour trouver le beau qui est en lui. «Il faut que cela vienne de lui. Sinon, il ne réussira pas, c'est certain.»

FANNY WYLDE
PIONNIÈRE ET SURVIVANTE

L'AGRESSION SEXUELLE ET LA VIOLENCE ; L'ABANDON

Faut-il croire à la chance, à la bonne ou la mauvaise étoile ? Certains d'entre nous sont-ils destinés à voguer à travers la vie comme un voilier tranquille sur une mer d'huile, légèrement porté par une brise bienveillante ? Tandis que pour d'autres, de mauvaises fées penchées sur le berceau auront-elles choisi de déchaîner les tempêtes, sans relâche, et ce, dès les premières années ?

La question me vient à l'esprit en suivant le parcours d'une jeune femme exceptionnelle, dont l'existence a cependant été marquée du sceau de la douleur, de la violence au quotidien et du plus abject des abandons, du plus fondamental, celui de la mère. Victime de trahison de la part de celle qui, au premier chef, veille normalement à votre sécurité et à votre bien-être, et se penche, esprit bienveillant du conte, en théorie du moins, sur votre berceau, guettant votre moindre souffle. Vous, le plus précieux de ses trésors.

Lorsqu'on rencontre Fanny Wylde aujourd'hui, il est impossible de deviner les souffrances qui ont marqué son enfance et son adolescence, laissant pourtant des traces difficiles à estomper. Brune, la peau fraîche, un port de tête élégant, l'œil profond et sage, Fanny n'est pas juste belle de la perfection de sa jeunesse, mais aussi d'une énergie pleine de sérénité qui émane d'elle et donne à son interlocuteur l'impression d'une insondable force spirituelle. Comme si son âme n'avait pas d'âge.

Fanny Wylde est dans la jeune trentaine. Elle est cependant déjà bien campée dans un rôle professionnel et social de premier plan. Née le 4 avril 1981 à Amos, au Québec, Fanny a grandi au sein de la communauté algonquine de Pikogan, en Abitibi-Témiscamingue. Une communauté à laquelle elle est et demeure étroitement liée et qui est très fière de son parcours. La jeune femme est aujourd'hui une avocate reconnue. En fait, le 12 janvier 2007, elle devenait la toute première avocate de l'histoire du peuple algonquin et la première femme autochtone à accéder à la fonction de procureure de la Couronne du Québec. Cette réussite, elle l'évoque dans son français châtié, excessivement précis, avec simplicité, mais aussi teinté d'une grande et compréhensible fierté dans la voix.

Après un bref passage au Conseil de la Première Nation Abitibiwinni, Fanny déploie maintenant ses talents au service de l'administration régionale crie, une nation complètement différente de la sienne, s'attachant à tenter de réformer le système de justice pour le rendre plus humain, plus conforme et plus respectueux de l'identité des autochtones.

En devenant femme de loi, Fanny choisissait de représenter un modèle pour les jeunes autochtones, de devenir une figure positive qui s'est réalisée à l'intérieur du système et non en opposition à celui-ci. Elle incarnait aussi l'espoir, pour chacun des siens d'accéder un jour, à force de travail et de détermination, à une vie meilleure, à des horizons moins noirs.

Pourtant, tout était contre elle. La petite enfance de Fanny se lit en effet comme un long cauchemar, le chemin de croix d'une petite Alice au pays des horreurs. « J'ai mal démarré dans la vie, explique la jeune femme, parce que je suis née d'un viol ». Sa mère, 17 ans à peine, a été agressée par un étranger, un Blanc, qu'elle n'a jamais revu. « Ma mère a tout de même choisi de garder l'enfant qu'elle portait. » Drôle de façon de parler d'elle-même, de cette petite fille non désirée qui allait naître d'une femme violentée et se retrouvait, elle-même adolescente, déroutée, avec un petit être fragile.

Tristement, Fanny dit d'emblée qu'elle a toujours entretenu une relation « un peu conflictuelle » avec sa mère. Un peu ? Son récit suggère tellement plus. « Je n'ai jamais connu mon père, c'était donc ma mère et moi, nous étions seules, pour l'essentiel. » Sa mère et elle, du moins jusqu'à ce que la fillette atteigne l'âge de quatre ans. « Elle a alors rencontré un homme. Celui-ci est vite devenu son conjoint et est ainsi entré dans ma vie, qui s'en est trouvée très perturbée. »

Un euphémisme, là encore, car très rapidement, ce beau-père violent a commencé à se livrer à des attouchements sur la petite. Des gestes, des abus d'ordre sexuel, dont le souvenir reste imprimé en elle. Et tout cela au vu et au su de la mère, précise Fanny avec émotion : « Oui, elle était au courant, parce que je lui ai dit dès le premier jour ce qui se passait, et à chaque instant je lui rapportais les faits, mais ça ne servait à rien. Et plus le temps passait, plus les gestes étaient graves. » Secouant la tête, encore incrédule après toutes ces années, Fanny répète : « La violence était toujours plus terrible, les gestes étaient de plus en plus traumatisants... et ma mère ne faisait rien pour me sortir de là. »

Elle se remémore la première fois qu'elle a tenté de rallier sa mère à sa cause pour obtenir sa protection : « Je lui ai dit, toute petite, qu'il me touchait, me faisait du mal, et ensuite je l'ai vue avoir une conversation avec mon beau-père. Elle lui a demandé si mes affirmations étaient vraies, et il n'a pas nié, au contraire, il a répondu : " Oui je m'excuse, ça ne recommencera jamais ", et c'est resté comme ça. »

Les agressions et la violence n'ont pas cessé, bien au contraire, de la part de cet homme qui battait aussi sa femme très fréquemment et ne rencontrait aucune résistance de la part de la mère quand il reportait sa colère sur l'enfant. « Par la suite, j'ai toujours rapporté tous les incidents, mais ma mère ne faisait jamais rien. Alors, à un moment donné, tu arrêtes de le dire, tu te résignes, car ce qui se passait était connu, alors à quoi bon rapporter tous les soirs ce qui se passait tous les matins ? »

« Mes premiers souvenirs de cette maltraitance-là remontent à l'âge de 4 ans. »

Agressée au quotidien, livrée à son bourreau par une mère incapable de faire face à la situation, Fanny se souvient de son désarroi. A-t-elle songé à en parler autour d'elle, à faire appel à des parents, des éducateurs, des membres de sa communauté ? « Je n'en avais rien dit aux gens autour de moi, ni à mes cousins, mes cousines, du moins pendant toutes ces années, au moment des événements comme tels, parce que je me disais, là aussi : " À quoi bon ? J'en parle à ma mère, et rien ne change ". » Alors, pensait-elle, vivre ainsi devait être normal, c'est elle qui devait être étrange. Mais l'enfant vieillissait, et avait la bonne fortune ou la malchance, c'est selon, d'être brillante. Plus les années passaient, plus elle s'éveillait à l'anormalité de la situation, à son aberration. Pourtant, jusqu'au bout, elle s'est tue. « Je sentais que je ne pouvais pas en parler ». La suite des choses allait en bonne partie lui donner raison.

La situation allait donc s'empirant au fil du temps, l'enfant devenant une préadolescente plus affirmée, plus critique de son milieu. Jusqu'à ce qu'elle ait douze ans, le beau-père n'avait pas tenté de lui imposer une relation sexuelle complète, «mais je voyais bien que cela s'en venait». Tout, dit-elle, s'est terminé soudainement le jour où il a carrément tenté, non seulement de la violer, mais aussi de la tuer. «C'était l'horreur, j'ai été prise en otage pendant des heures, séquestrée dans notre maison. J'ai tout fait pour me défendre, et il m'a terriblement battue. J'avais des marques d'étranglement, aussi. Il m'avait déjà battue auparavant, mais là, je savais qu'il voulait vraiment ma mort.»

L'intervention des policiers qui ont pénétré dans la maison a évité le pire à l'adolescente. Mais de justesse. Les autorités ont emporté cet homme haï. «À la suite de cette affaire, mon beau-père a été emprisonné pendant deux ans.»

Fanny avait payé le prix fort. À douze ans, elle ressemblait à l'un de ses soldats de métier pour qui la lutte est le lot quotidien. Mais elle n'avait pas choisi de s'enrôler. Son bourreau accusé, jugé, condamné et incarcéré, Fanny croyait être arrivée au bout de son calvaire, et pensait que cet homme maléfique était sorti de sa vie à tout jamais, que plus jamais elle ne serait sa victime. Erreur fatale. Au désarroi le plus total de la jeune fille, la mère allait ramener l'agresseur à la maison, très vite, dès sa sortie de prison.

C'est à ce moment-là que Fanny a ressenti tout l'abandon maternel : «Qu'elle fasse une chose pareille avec cet homme qui avait voulu me tuer, je ne le comprenais pas et je ne le comprends toujours pas. En fait, je ne sais pas si un jour je comprendrai. Jamais, jamais ma mère n'a consenti à en parler ouvertement.»

Après le retour du bourreau, Fanny, animée d'une profonde révolte, est tout de même demeurée encore un temps chez sa mère, mais son univers et toute trace de confiance étaient en miettes : « J'étais tellement persuadée que cet homme-là ne reviendrait plus jamais. C'est sûr que ma mère m'a présenté beaucoup d'excuses, au fil des ans, mais cela ne change rien. Quand cette attaque finale est arrivée, je ne me rappelle plus si elle m'a dit qu'elle me protégerait à partir de maintenant, mais moi j'étais convaincue qu'il ne reviendrait jamais. » Le retour du bourreau a donc marqué une vraie cassure pour la jeune fille, qui, désespérée, a révélé à sa famille, et plus largement à sa communauté, la nature des sévices subis. « C'est là que les gens autour de nous ont appris ce que j'avais vécu toutes ces années. »

Fanny a alors constaté avec étonnement, pour demeurer dans l'euphémisme, que certains membres de sa famille étaient bien au fait de son calvaire. Car dans sa communauté comme dans bien d'autres, la loi du silence régnait, dans une certaine mesure. « Plusieurs personnes ont été outrées, surtout du comportement de ma mère, qu'ils jugeaient aussi révoltant qu'incompréhensible, mais d'autres, dont des proches, m'ont dit : "Fanny, nous le savions, mais nous ne disions rien, parce que ce n'était pas nos affaires"… »

Envers ceux qui se sont tus, alors qu'elle aurait eu tant besoin d'aide, Fanny n'a guère eu de ressentiment, du moins sur le coup. « Mais à présent, je me pose des questions, car je me dis qu'à leur place, en tant qu'adulte, si j'étais au courant d'une situation de ce genre, moi, je dénoncerais. Comment justifient-ils leur silence ? »

C'est à cette période que Fanny a traversé une phase intense de révolte, de rejet de l'ordre établi et de son milieu familial : « Quand il est revenu à la maison, j'étais en pleine adolescence, j'avais treize ans. » Elle a alors commencé à sortir très tôt dans les bars, à fréquenter des garçons et à avoir des relations sexuelles malgré son jeune âge, car finalement, pourquoi pas ? Puisque tout le monde trouvait banal pour une enfant d'être soumise à une sexualité non seulement précoce, mais violente et contre nature, de la part d'un adulte. Fanny a un peu déraillé au cours de ces années-là, elle le reconnaît, mais qui pourrait l'en blâmer? Cependant, une force en elle l'empêchait de décrocher de son but, de sa soif de s'en sortir. « J'avais comme une espèce de dualité, un côté un peu fou, et un côté tout à fait sérieux, car j'étais toujours fixée sur mon objectif de devenir avocate. »

Aujourd'hui encore, elle repense à cet homme qui a martyrisé son enfance : « Ce type-là venait de notre communauté. Dans sa propre enfance, il avait été lui aussi victime d'abus sexuels, il avait été violé. Je pense que c'était le cas classique d'un agressé devenu agresseur. Il était très violent à l'égard de ma mère aussi, la violence familiale se vivait au quotidien à la maison. »

Ces agressions ont laissé des traces, certes, mais Fanny juge qu'elle a su transcender en bonne partie la douleur de ces années de maltraitance. En revanche, ce qui est beaucoup plus difficile, et la taraude d'une douleur insidieuse, réside dans l'incompréhension de la trahison de sa mère, de son total abandon.

Fanny Wylde, qui est mère d'un petit garçon et attendait un deuxième enfant au moment de nos rencontres, secoue la tête, réfléchissant tout haut à cette énigme d'une mère qui tourne le dos à sa fille, et qui ferme les yeux sur des pratiques innommables. « Je ne sais pas… C'est quelque chose que je tente encore de comprendre dans ma vie d'adulte, surtout depuis que je suis mère. Comment choisir de ne pas protéger son enfant? » Alors qu'elle a fait beaucoup de chemin pour panser les plaies dues à la violence d'un homme, elle sait, elle sent au quotidien que le chemin vers la compréhension de l'incompréhensible, l'abandon maternel, sera encore long. Et pourtant, c'est avec toute son énergie qu'elle a cherché à se dépêtrer du passé. « J'ai fait beaucoup de travail personnel, de cheminement intérieur, mais je n'ai pas encore pu travailler ce côté-là, qui a un impact quotidien dans ma vie de femme adulte. Et qui se répercute dans tous les domaines de mon existence. »

Fanny fait revivre devant moi l'enfant triste et solitaire qu'elle était, mais qui, instinctivement, trouvait le salut à l'école, devenue son refuge : « C'était le seul endroit où je me sentais bien, où je pouvais m'épanouir et grandir, comme une enfant libre. »

C'est pour cela que, très très tôt, Fanny s'est attachée à son école, son véritable foyer, et c'est, dit-elle, ce qui lui a sauvé la vie. L'enfant qu'elle était a inconsciemment choisi de miser sur sa scolarité et son éducation : « J'étais devenue une élève modèle, une élève populaire, car c'était mon château fort. J'y étais super à l'aise, mes profs m'aimaient beaucoup, dans toutes les matières, j'étais un génie. » Elle ne manquait jamais un jour d'école, dit-elle, et pour cause ! « Si je n'allais pas à l'école, c'était la maison, et à la maison… » La phrase demeure en suspens. Autour de nous, des gens rient, échangent des plaisanteries légères.

C'est ce pôle salvateur qui lui a permis au premier chef d'émerger du marasme et de s'élever au-dessus de ce quotidien qui menaçait de l'engloutir dans le malheur. Une fierté fondamentale, un désir de devenir quelqu'un, de signifier au monde que Fanny, c'était bien plus qu'une enfant assujettie à la négligence et à la violence.

Faisant le point sur sa vie, Fanny sait maintenant qu'un deuxième pôle a joué un rôle majeur dans son parcours vers le mieux-être et la réussite : « Mon refuge, outre l'école, c'était aussi mes grands-parents. » En fait, le seul moment où l'enfant, puis l'adolescente, pouvait trouver un peu de repos, c'était chez ses aïeuls empreints de bonté et de spiritualité. « Ils m'ont beaucoup aidée. S'ils n'avaient pas été présents dans ma vie, probablement que je ne m'en serais pas aussi bien sortie, parce qu'eux m'ont réellement transmis la spiritualité. » La spiritualité, un fil conducteur, un guide dans la vie de la jeune femme, qui a recours aujourd'hui encore à la méditation pour se ressourcer, recentrer son existence.

« Je me dis que j'aurais pu abdiquer la vie, n'eût été de mes grands-parents, de l'école, je serais une toxicomane déchue, vivant dans la rue, ou pire, je ne sais pas... »

Ses deux jeunes frères, qui ont respectivement vingt et onze ans, n'ont pas connu la même réalité. « Ce qui est singulier, c'est que le plus jeune est né en même temps que mon fils, et nous vivons une relation mitigée, désengagée, je dirais. » Quant à l'aîné des deux garçons, il était encore très jeune quand son père a atterri en prison à l'issue de la dernière agression, « il ne se souvient pas vraiment de toute cette époque ».

LE SINUEUX CHEMIN DE LA GUÉRISON

Aujourd'hui, Fanny donne des conférences dans les communautés autochtones, espérant décider des jeunes gens à se dépasser et à défier les statistiques, les pronostics plutôt sombres, le déterminisme et la fatalité de la pauvreté comme de l'exclusion. À des années de thérapie s'ajoute un travail quotidien pour atteindre un niveau acceptable de sérénité et permettre à Fanny d'affronter la vie. Parfois avec difficulté, concède-t-elle. La peur de l'abandon, du manque d'amour, rôde toujours, sapant parfois ses relations les plus essentielles : « Il peut y avoir une situation avec un ami, un conjoint, et immédiatement je vais ressentir l'abandon, mais de façon vraiment exagérée. Je suis vraiment prédisposée à me sentir abandonnée, et c'est difficile. » Pour éloigner les démons,

Fanny s'est souvent raccrochée à son objectif de carrière. « J'étais déterminée, rien n'aurait pu m'arrêter, c'était mon salut. » Tôt dans sa vie, elle a su qu'elle voulait être avocate, « dès la quatrième année, il me semble ». Le droit, la défense d'un idéal de justice avec un grand J, tout dans ce métier l'appelait, car « dans le fond, c'était la justice pour moi que je recherchais, dans un coin intérieur et de façon fondamentale ».

Le côté prestigieux de la profession était comme l'appel d'une sirène aussi, pour cette jeune femme qui voulait prouver au monde, aux siens au premier chef, qu'elle valait quelque chose et avait du talent. Et puis, « une partie de moi se disait peut-être, que, si je réussissais à atteindre mes objectifs, je serais enfin aimée ». Aimée de sa mère, surtout, un sentiment qu'elle dit ne jamais avoir ressenti. Du moins celui d'être l'objet de cette affection forte, vraie, ce doux ciment de l'enfance qui vous ancre et vous prépare à la suite des choses, à s'intégrer dans le monde, à tisser des relations harmonieuses.

INDESTRUCTIBLE, MALGRÉ TOUT

Parvenir à son but professionnel s'est donc imposé rapidement comme la seule issue possible, malgré les obstacles. Et un autre écueil potentiellement périlleux l'attendait, mais Fanny pense plutôt que ce que la plupart des femmes auraient vu comme un frein majeur à leur projet s'est avéré dans son cas une bénédiction, une porte de sortie de cet univers toxique.

« Je suis tombée enceinte alors que j'avais seize ans, et c'est grâce à ma grossesse que j'ai pu fuir la maison. » En devenant mère, elle se donnait le droit de devenir adulte, de partir.

Enceinte, Fanny a tout de même gardé le cap sur sa mission et a dit adieu à son milieu familial. « J'ai pris mon appartement, je me suis inscrite au cégep de l'Abitibi-Témiscamingue. » C'est enceinte qu'elle a terminé le secondaire. « J'ai accouché au mois d'août et six jours plus tard je faisais mon entrée au cours. » Elle se revoit, toute jeune maman, entre couches et école : « Il n'était pas question que j'arrête. J'étais indestructible. »

Cet enfant, il est vrai, elle n'en avait pas planifié la naissance ni la conception. Fruit de ce qu'elle appelle « sa période dévergondée », elle ne voit que du positif dans ce que ce petit être lui a apporté : « Cet enfant-là m'a ramenée à mon juste milieu et a mis un terme à ma période fofolle. Totalement. Car à partir de ce moment-là, je ne devais plus seulement penser à moi, mais aussi à un enfant qui dépendait de moi et je me disais : "Moi, je vais lui offrir ce que je n'ai pas eu". »

Heureusement, il faut le préciser, Fanny n'était pas entièrement seule avec le bébé. Son « chum », le père, était à ses côtés, ainsi que les parents de ce dernier, qui ont donné un bon coup de pouce.

Par contre, à l'annonce de sa grossesse, la communauté de Fanny a été atterrée. Son entourage, oncles, tantes, cousins, cousines, tous pensaient que Fanny avait renoncé à ses rêves : « J'ai senti qu'ils pensaient, tous autant qu'ils étaient : "C'est fini pour Fanny, un enfant à l'adolescence, elle ne deviendra jamais rien, elle ne réalisera jamais son rêve". » Et face aux commentaires, aux non-dits surtout, Fanny se sentait au contraire galvanisée, encore plus déterminée : « Je ressentais beaucoup cette déception au sein de ma communauté, et je me disais : "Ah oui ? Regardez-moi, vous aller voir ce que vous allez voir ! " » Cette jeune femme à la force de caractère exceptionnelle trouvait dans le scepticisme des autres un moteur de plus à sa volonté de s'en sortir.

La suite des choses n'allait pourtant pas ressembler à un pique-nique à la campagne pour la jeune femme, qui, après le cégep, se lança dans un cycle d'études ardu, à Montréal. Dans la grande ville, seule et presque sans argent.

Un premier déchirement fut celui de devoir laisser son fils derrière elle, car elle ne disposait d'aucun service de garde près de son lieu d'études. «Quand je me suis lancée en droit, le petit avait deux ans et je l'ai laissé avec son père.» Fanny devait s'exiler loin des siens, de ses racines. Car, malgré ses souffrances passées, elle demeurait très liée à son milieu. Incroyable de constater la force, l'intégrité des sentiments humains de cette jeune femme qui aurait pu, vu ses blessures, verser dans le cynisme, dans une dureté protectrice : «D'un coup, je perdais ma famille, mon fils et mes amis, pour me retrouver à Montréal, toute seule, toute seule, mis à part mon chum.» Au cours des quatre années qui l'ont conduite à l'obtention du bac, puis d'une année de barreau, elle a galéré, souvent triste et isolée. Parfois, la tentation de tout lâcher refaisait surface, mais toujours, Fanny réagissait.

«J'ai eu envie de laisser tomber bien des fois, mais juste de le dire, de le formuler : " Je suis tannée, je ne suis plus capable ", et puis de pleurer un bon coup, tout ça m'aidait, et, au fin fond de moi, je savais que j'allais continuer, qu'il n'était pas question d'abandonner. Je ne pouvais pas retourner chez nous sans rien. Non, je ne pouvais pas me permettre ça, parce que j'avais travaillé trop fort. Aussi, je me disais : " Si j'arrête, je n'atteindrai jamais mon but, celui d'avoir l'admiration des autres ".» Et de prendre sa revanche sur le passé.

C'est donc au bout de ces années difficiles, mais infiniment formatrices, que Fanny est rentrée chez elle pour de bon, à Pikogan, son diplôme d'avocate en poche. Et avec la fierté de la tâche accomplie.

GUÉRIR LES AUTRES

Au quotidien, aujourd'hui, Fanny ne va plus en cour comme à l'époque où elle était procureure de la Couronne et défendait les victimes. Un travail qui la passionnait, mais la vampirisait aussi. Trop intense, trop terrible, que ce contact direct avec des victimes de crimes auxquelles elle pouvait si facilement s'identifier, des femmes, bien souvent : « Je trouvais cela trop ardu, je n'en pouvais plus de l'impuissance. » Mais elle garde un contact direct avec le monde carcéral et continue à agir pour le bien des communautés autochtones. « J'ai créé, entre autres, un programme de "bouffe" traditionnelle pour les détenus. Tous les mois, ils reçoivent des mets traditionnels, afin qu'ils ne perdent pas le lien avec leur communauté, leur identité, qu'ils se rappellent qui ils sont. » Car Fanny, qui pourtant a elle-même été victime d'actes criminels répétés, croit dur comme fer à la réinsertion sociale, à condition que le lien avec la communauté subsiste. « Pour aider notre société, et je le crois beaucoup, il faut s'occuper, bien entendu, des victimes, mais aussi des coupables. »

Songeuse, elle ajoute : « À un moment donné, on ne peut pas juste punir, il faut guérir le monde… et modestement, j'essaie d'y contribuer. »

Pour Fanny, être une adulte accomplie signifie rendre à son peuple la force et le bagage qu'il lui a donnés, même si certains individus ont pu ignorer volontairement la souffrance de l'enfant qu'elle était.

« Il est très difficile, dit-elle, comme autochtone, de quitter sa communauté, car c'est comme si on quittait sa patrie, tellement nous sommes tricotés serrés, très très proches de nos familles, de nos cousins, nos cousines, nos frères, nos sœurs… »

Elle avait aussi, raconte-t-elle, un grand-père qui était extraordinairement fier d'être autochtone. L'appartenance identitaire était fondamentale pour lui, et, tout au long des années formatrices de la fillette, il lui a souvent parlé des préjugés qui existaient à l'égard des siens, du racisme dont il avait été lui-même victime, et qui n'a pas entièrement disparu. « J'ai toujours été très sensible à toutes ces questions, à ce qui se passait sur le plan de l'histoire des autochtones, dans l'actualité, du côté des revendications. Très tôt, j'ai développé le sentiment de vouloir défendre la cause. » Écœurée d'entendre les lieux communs touchant son peuple, « que ceux-ci n'étaient que des alcooliques ou des assistés sociaux », Fanny a voulu s'attacher à prouver le contraire. Prêcher par l'exemple, en quelque sorte.

LA SPIRITUALITÉ

Aujourd'hui, la jeune femme a une situation bien établie et a gagné (durement, il faut bien le dire) le respect des siens. Elle se sent à l'aise dans sa vie, entre son fils et son métier, mais reconnaît que tout n'est pas gagné, que la sérénité lui échappe encore parfois.

Son réconfort, son équilibre, elle les trouve au premier chef, d'abord auprès de son fils, puis dans la spiritualité, pivot de son quotidien.

« Dieu est super important pour moi dans ma vie, je prie tous les jours. » Pour elle, il ne s'agit pas juste d'une figure abstraite, d'une idée désincarnée, mais d'une présence salvatrice et bénéfique. Et cela ne date pas d'hier. Dieu, au cœur de ses années d'enfance maltraitée, était déjà source de réconfort. « Je me souviens, quand j'étais toute petite, je faisais mes prières avant de dormir en me disant : "Protège-moi… sors-moi d'ici un jour, Dieu." »

La vie spirituelle, dit-elle, a toujours constitué un tuteur quand sa confiance s'étiolait. « Je me suis toujours appuyée là-dessus. Et cela m'a apporté de belles valeurs comme la compassion… sans ma spiritualité je ne serais pas là où j'en suis aujourd'hui. »

Corollaire à cette quête de spiritualité, Fanny cultive le ressourcement, une démarche régulière dans sa routine, nécessaire à son équilibre, qu'elle sait fragile.

« Une fois par année, je vais dans un centre, je me retire du monde. Il est important pour moi d'entretenir mon âme, parce que si je ne m'en occupe pas pendant une longue période, elle va vraiment aller mal. »

Se connaître à fond, donc, et admettre ses points faibles.

Car Fanny sait que même si elle se porte assez bien, qu'elle parvient à tenir l'angoisse, la dépression en échec, à travailler, à rire, à entretenir les amitiés, elle n'est pas pour autant guérie de ses souffrances passées. Même si l'admiration des autres pour le chemin parcouru lui fait chaud au cœur : « Bien sûr, les gens te respectent, te considèrent, c'est sûr que même ma mère est très fière de moi. Quand je suis devenue avocate, j'ai cru avoir tout réglé, mais j'ai vite réalisé que cette réussite n'était pas la réponse à ce que je cherchais sur le plan intérieur. »

« Le jour où je serai en paix, dit la jeune femme solennellement, n'est pas encore arrivé. Ce sera le jour où, moi, je vais me respecter, moi, je vais me considérer, moi, je vais m'aimer. Je n'en suis pas encore là. » Car, malgré ses efforts qui semblent surhumains vus de l'extérieur, Fanny recherche encore d'une façon qu'elle juge excessive l'amour des autres, pour, dit-elle, pouvoir se sentir exister. « Tout doit partir de soi avant tout, je le sais, mais c'est ce qu'il m'est encore difficile de faire. »

ATTENTION, FRAGILE!

En conséquence, ses relations avec les hommes lui posent souvent problème, «la plus grande blessure étant l'abandon, il est bien difficile de ne pas tomber dans une relation de dépendance affective». Souvent, dit-elle, les hommes qui l'attirent seront toxiques. Trop longtemps, elle les laisse errer autour d'elle, même si tout en elle lui dit que c'est une erreur. «Je commence à mettre de l'ordre, mais pendant longtemps, je fréquentais des hommes non fréquentables.»

De sombres pensées s'abattent parfois sur la jeune femme. «Alors, je ne me sens pas aimée.» Car le monstre guette : «Si je détourne les yeux, même au bout d'une seule semaine je vais le sentir. Si je ne fais pas mes prières, si je n'écris pas ce que je ressens, tout flanche. Ça me demande un effort quotidien, comme une plante, comme un enfant. Il faut en prendre soin tous les jours.»

Pour cultiver sa plante fragile, Fanny a besoin de solitude, ce que lui permet d'ailleurs la formule de garde partagé de son fils avec son ex-conjoint.

«Quand mon fils n'est pas là, je fais le vide».

Elle confie avoir eu très peur de transmettre à son enfant les maux du passé, et, au moment de la naissance, a même entrepris une démarche d'aide auprès d'un psychologue, «parce que, justement, je ne voulais pas transférer toutes les lacunes que j'avais à l'intérieur». Elle a même souhaité que sa mère participe à la démarche : «Je voulais en parler avec ma mère, mais elle ne s'est jamais présentée aux séances avec le psychologue.» Hochant la tête, sans trop s'appesantir, elle déclare encore : «C'est dommage, je trouve cela dommage.»

L'ESPOIR INDESTRUCTIBLE DE TROUVER L'AMOUR DE LA MÈRE

Étonnant d'apprendre que Fanny désire encore garder un lien avec cette mère qu'elle n'a jamais perdu espoir de comprendre. Là où d'autres auraient tiré un trait, auraient choisi de rayer de leur vie un être qui leur a tant fait mal, Fanny choisit plutôt de croire encore qu'elle pourra un jour savoir pourquoi sa mère ne l'a pas aidée. Fanny ne choisit pas dans la vie les chemins les plus faciles, mais elle semble savoir d'instinct ce qu'il lui faut pour vivre et survivre.

« Je n'ai pas perdu l'espoir et en fait, je pense que je ne le perdrai jamais. Car c'est elle, au fond, la femme que je veux, et personne d'autre. Je n'arrêterai jamais. Si cela arrive quand j'aurai cinquante ans, ce sera ça, si cela arrive sur son lit de mort, ce sera aussi ça. »

Bien qu'elle confesse avoir eu à plusieurs reprises la tentation de l'éliminer de son existence, là encore, « ces pensées-là ne durent jamais longtemps ». Les gens s'en étonnent et lui disent leur admiration ou leur incompréhension, c'est selon. Peu importe : « Si je coupais les ponts avec ma mère, je ne serais pas Fanny. Vouloir comprendre, c'est ancré en moi, en mes valeurs. »

Elle évoque en passant l'étrange et distante relation entre son fils et cette grand-mère semi-absente : « Elle ne se sent pas de lien avec lui, car elle est tombée enceinte à peu près en même temps que moi. Elle n'a pas attendu un petit-fils, mais s'est plutôt préoccupé de sa propre grossesse. »

Au moment de notre rencontre, Fanny attendait un autre enfant. « Celui-là, ma mère a hâte de le connaître, elle est venue à l'échographie et veut être présente dans sa vie. » Fanny pense que sa mère, d'une certaine façon, veut se racheter de l'abandon qui a bouleversé sa vie : « Elle espère que ce sera une petite fille. »

Malgré son désir de cultiver une relation avec sa mère, Fanny avoue se méfier un peu, d'autant que «c'est encore une grande toxicomane, par intraveineuse et tout. C'est très lourd!».

Cette mère voudrait arrêter la drogue, mais, déclare Fanny, elle refoule tellement toutes ses émotions qu'elle ne parvient même pas à franchir le premier pas vers le mieux-être. «La liberté, ce n'est pas dans le silence qu'on peut la trouver, c'est en s'ouvrant. J'essaie de le lui expliquer, mais il y a vraiment un gros gros blocage avec elle, elle n'est pas capable d'exprimer quoi que ce soit.» Une attitude qui étonne Fanny, car sa mère, contrairement à elle, a profité d'une jeunesse agréable, entourée de parents aimants. «Contrairement à ses aînés, elle a échappé aux pensionnats autochtones.»

Aujourd'hui, malgré le malheur de ses années d'enfance, Fanny ne renie pas son passé, aussi difficile soit-il. «Si je pouvais changer quelque chose? Non, je ne changerais rien à mon histoire, car ce parcours a fait de moi la femme que je suis actuellement. Au prix fort, mais c'est quelque chose que j'accepte. Je veux vivre ma vie dans la sagesse. J'essaie de retirer le plus de positif possible de tout cela, de voir les choses d'une autre façon.» La plus grande récompense, conclut Fanny, est de voir évoluer son fils: «Mon garçon est à mon image, il est spirituel, très mature. J'ai pu lui transmettre l'empathie et l'humanité. Pour moi, c'est une immense réussite.» Une réussite qu'elle a grand espoir de rééditer avec le bébé à naître, qu'elle attend, le bonheur en tête.

JACQUES ET CHANTAL
DONNER UNE AUTRE CHANCE À LA VIE

LE DEUIL

C'est un dimanche après-midi dans une vaste demeure toute neuve d'Estrie. Une maison haute de plafond, pleine de fenêtres et de clarté. Un bel enfant aux cheveux châtain clair, à la frimousse avenante, s'élance à travers la pièce pour embrasser un énorme terre-neuve. Un repas léger, une bonne bouteille attendent sur la table de la cuisine. Tout dans cette demeure respire le bonheur tranquille et la sérénité de la cellule familiale type.

Les parents de cet enfant, ce sont Jacques et Chantal. Lui est un aimable géant, jovial, à la voix forte, mais trempée de bonté, au regard vif, aux mains mobiles. Elle est un petit bout de femme posée, cordiale, d'une nature de toute évidence très réfléchie.

Aujourd'hui, Jacques et Chantal ont reconstruit leur vie. Ils ont des projets, des amis, une vie stable. Bien qu'ils traversent encore des moments de profond désespoir, ils sont unis et savent de nouveau rire et profiter des plaisirs quotidiens. Une situation qui tient de l'exploit, car leur existence a été broyée, écrasée, pulvérisée brutalement, en 2002, par ce qui constitue certainement l'une des pires épreuves pour un être humain, l'impensable, l'innommable : la perte brutale dans un accident d'avion de quatre membres de leur famille, dont celle de leurs deux enfants. Mais aussi celle de la mère et de la sœur de Chantal.

LA PERTE
LE 15 MARS RACONTÉ PAR JACQUES

Relatant la journée du drame, Jacques évoque d'abord ses sept ans de bonheur avec Chantal et, bourgeons naturels de leur union, la naissance, à seize mois d'intervalle, de leurs deux enfants, Héloise, d'abord, puis Ludovic, Ludo, comme il l'appelait.

Jamais bien loin de la petite cellule familiale, gravitent deux autres figures chaleureuses : la sœur de sa femme, Louise, une enseignante, que Jacques décrit comme une femme libre, indépendante, pleine d'amour et particulièrement folle de son neveu et de sa nièce. La mère de Chantal aussi, demeure très proche du couple. « Nous vivions assez en symbiose, nous étions toujours ensemble. »

À l'automne 2001, la sœur de Chantal, Louise, obtient une promotion attendue depuis des lustres. Pour fêter l'événement, elle propose à Chantal et Jacques d'emmener les enfants et sa mère avec elle passer deux semaines à Cuba. Destination : la petite île touristique de Cayo Largo.

D'emblée, Jacques, tout comme sa femme, émit des objections : « Ils sont petits, cinq et six ans, et ne partent jamais sans nous. » Pourtant, en y réfléchissant bien, Jacques et Chantal se demandent quelles bonnes raisons pourraient les empêcher de confier leurs enfants à leur tante et à leur grand-mère, qui les connaissent si bien, pour un séjour dans un hôtel cinq étoiles, sur une plage de rêve. Il aurait fallu être fous pour priver les enfants de telles vacances ! « Nous avons finalement accepté, et les enfants étaient littéralement délirants de joie. »

Jacques raconte que Chantal et lui sont allés conduire la joyeuse petite troupe de vacanciers à l'aéroport Mirabel pour le grand départ. « C'est Ludo le dernier qui a franchi les portes et il nous a lancé un drôle de petit regard, qui nous revient toujours, et cela nous a fait tout drôle. J'ai senti quelque chose, comme une sorte d'intuition. » Jacques détourne les yeux au loin, vers la fenêtre. Sa voix tremble légèrement, puis il passe la main sur son visage, frotte sa barbe. Alors, les enfants sont partis, avec leur tante et leur grand-mère.

Au fil du séjour, Louise, la tante des petits, appelle régulièrement de Cuba, grâce à une carte téléphonique. « Tout allait bien, même si Ludo était un peu " tannant ". » Au bout de plusieurs jours, ayant épuisé le temps d'appel disponible sur sa carte, Louise indique à Chantal et à Jacques que toute la petite troupe sera de retour le dimanche suivant et qu'elle ne téléphonera plus entretemps. Elle leur recommande de ne pas s'en inquiéter.

L'accident est arrivé le 14 mars, mais Jacques et Chantal ne l'ont su que le lendemain : Jacques, qui travaille à Radio-Canada, raconte qu'il était assis à son bureau, le 15 au matin, et écoutait distraitement les nouvelles en continu : « Comme c'est mon habitude, je garde un œil sur le bulletin télé en préparant ma journée de travail. » Soudain, il entend la nouvelle : un petit avion des lignes intérieures assurant le transport de touristes vers des lieux de visite s'est écrasé à Cuba. « J'entends alors qu'on parle de Québécois parmi les seize victimes. Aussitôt, j'appelle Chantal. »

À ce moment-là, Jacques est inquiet, mais la panique ne s'est pas encore manifestée, « car la télévision parlait d'un seul enfant parmi les victimes, et nous nous disions que jamais la sœur de Chantal n'aurait emmené juste l'un des deux enfants en excursion. »

Mais la télévision se trompe, les bilans émanant des autorités cubaines ne sont que partiels. Ils fluctuent. Au fil des bulletins, va augmenter et diminuer le degré d'angoisse de Jacques, et, en parallèle, celui de Chantal, qui est à la maison. Un enfant parmi les victimes, deux, non, un. L'angoisse de ne pas savoir.

Finalement, Chantal rappelle Jacques à la station, mettant brutalement fin au suspense : «Viens-t'en, Jacques, les enfants sont morts.» Jacques ne se souvient plus vraiment de la suite.

C'est sans colère apparente, aujourd'hui en tout cas, que Jacques déclare : «Nous avions pourtant bien recommandé à Louise de ne pas prendre les petits avions intérieurs à Cuba, qu'ils étaient mal entretenus et dangereux, mais elle a voulu aller nager avec les dauphins, avec les enfants à Sanfuego, avec les aéros taxis.» Au retour, une tornade a arraché une aile du petit avion désuet. Et avec elle, le cœur de la famille de Jacques et de Chantal.

«Mon copain Mike Peperney, qui était affectateur aux sports et travaillait juste à côté de moi est devenu livide. Un autre ami m'a emmené. On m'a plus ou moins traîné.» Il se souvient vaguement qu'en sortant du centre de l'information, où est concentrée la production des nouvelles, son œil a capté le regard de la chef d'antenne, Brigitte Bougie, celle-là même qui lisait de son plateau ces terrifiantes nouvelles : «C'était la belle Brigitte, qui m'a vu dans un drôle d'état, en passant, soutenu par les autres. Je lui ai dit : "C'est moi, Cuba, c'est moi, les enfants!"»

Le centre de l'information, en état de choc, d'incompréhension totale, voyait passer Jacques, porté par ses collègues.

LE 15 MARS RACONTÉ PAR CHANTAL

«Je me souviens très clairement de la journée où nous avons appris la catastrophe». Chantal entame son récit lentement, précautionneusement. On perçoit qu'elle cherche à relater les événements avec une grande précision, une grande rationalité.

Il est 8 h 45 du matin. Jacques l'appelle en catastrophe, lui racontant ce qu'il vient d'entendre à l'antenne. « L'animatrice, Brigitte Bougie, une collègue de Jacques, vient d'annoncer le crash d'un petit avion de lignes intérieures, un accident qui a eu lieu la veille. Il me dit : "Il y a des enfants. Je te reviens". » Un peu plus tard, mais que le temps semble long alors, Jacques la rappelle en effet, légèrement rassuré, se voulant en tout cas rassurant : « Non, ne t'en fais pas, il y a un enfant, pas deux, Louise n'aurait jamais emmené juste Héloise ou juste Ludovic en excursion. »

Chantal raconte qu'elle avait inscrit dans le passeport des enfants le nom de l'une de ses amies, Isabelle, comme personne à contacter, en cas d'urgence. « Cette amie m'appelle, me disant : "C'est donc bizarre, il y a un monsieur d'Ottawa qui te cherche, qui veut savoir si tu étais partie avec les enfants." »

Isabelle raconte à Chantal qu'elle a indiqué au fonctionnaire qu'il s'agit plutôt de la sœur de son amie qui accompagne les deux enfants. Au téléphone, Isabelle dit en riant à Chantal, d'un ton léger : « J'espère qu'on ne pense pas que Louise a kidnappé les enfants ! »

Mais Chantal sait déjà qu'un avion s'est écrasé à Cuba et réplique : « Isabelle, si Ottawa a téléphoné c'est peut-être qu'ils ont des mauvaises nouvelles à m'annoncer. » Isabelle s'est alors gentiment moquée de Chantal, trouvant qu'elle exagérait, lui conseillant de ne pas trop s'inquiéter. « Ce monsieur va t'appeler. » Chantal, elle, est morte d'angoisse en répondant : « Eh bien, j'ai très hâte qu'il m'appelle, ce monsieur ! », elle qui déjà soupçonne le pire.

Rapidement, les craintes de la jeune femme se confirment : « Jacques me rappelle encore, et me dit "Non, il y a deux enfants". »

La panique commence alors à se manifester, à enfler, dans la maison devenue trop petite, étouffante.

Des démarches téléphoniques rapides auprès de l'agence de voyages font chou blanc, le bureau n'est même pas au courant de l'accident. Démarches ensuite auprès de l'hôtel où logent les vacanciers, à Cuba. Chantal ne trouve comme responsable qu'une série de messageries vocales, pas un être humain au bout du fil. La même situation au siège social de la chaîne hôtelière, à Montréal, que Chantal contacte en tremblant, ne sachant plus si elle peut encore espérer.

Jacques, entre-temps, a rappelé encore une fois, «finalement c'est un enfant, qui compte parmi les victimes, pas deux». Terrible chassé-croisé, terrible course à l'information venant d'un pays d'où peu de choses filtrent, et si difficilement.

«Finalement, le petit monsieur d'Ottawa m'a rejointe alors que je tournais en rond et que je me disais "Qu'est-ce qu'il fait qu'il n'appelle pas?", car pendant ces minutes, tout va tellement vite dans ta tête, tu "spinnes", et pas rien qu'un peu.»

Tout de suite, en parlant au fonctionnaire fédéral, Chantal a compris que celui-ci ne ferait que confirmer l'accident : «Cet homme était plein d'humanité. Je sentais la compassion, la tristesse dans sa voix, et il m'a dit : "Vous savez, je suis extrêmement désolé, je devrais être à la porte de chez vous, mais le temps que je prenne l'avion, que j'arrive à vous, il sera déjà très tard, parce que la télévision a déjà commencé à diffuser des nouvelles de l'écrasement".» Et à Cuba une conférence de presse avait déjà eu lieu.

Chantal sentait cet homme incapable de lui annoncer nettement la nouvelle : «Il y avait une empathie dans sa voix, une telle empathie.» «Y a-t-il une, ou deux victimes?» demande alors

Chantal au téléphone. Pas de réponse. « C'est tous les quatre ? » demande encore Chantal, espérant une négation de la part de son interlocuteur. Mais celui-ci lui répond, d'un ton désolé : « Je voudrais tellement vous dire que ce n'est pas cela, mais oui, ils étaient tous les quatre dans l'avion. »

Comme dans les films, Chantal a alors pensé : « Je vais hurler. » Puis elle a poussé un grand cri.

Au bout du fil, l'homme prodigue des conseils, du mieux qu'il peut, lui demandant d'appeler son mari, de lui dire de ne pas rentrer à la maison en automobile tout seul. Son rôle s'arrête là. Que peut-il faire de plus, à part demander à Chantal si elle souhaite se rendre à Cuba, sur place ? Une idée qui sera vite écartée.

« J'ai ensuite téléphoné à Jacques et lui ai dit : « Jacques, nous sommes les super gagnants de la loto, c'est nous Jacques, ils étaient tous dans l'avion, ils sont tous morts. Viens-t'en à la maison. »

Ce n'est que des années plus tard qu'elle apprendra par des amis et collègues de Jacques, présents à Radio-Canada au moment du funeste appel, que son époux a dû être physiquement soutenu, porté presque, les jambes coupées, une tempête d'émotion prenant possession de tout son être.

Dans son cas, réfléchit Chantal, un phénomène tout à fait contraire s'est produit : « J'ai ressenti comme un vacuum, un immense vide. » Elle ne songeait qu'à contacter les gens pour qui, comme pigiste, elle travaillait. Un drôle de réflexe, celui d'être dans l'action, d'organiser les choses, de tenter de contrôler l'incontrôlable. Elle avait plein de petits projets professionnels sur le point d'aboutir, et sur le coup, elle ne pouvait s'empêcher de penser qu'il fallait qu'elle avertisse les gens : « J'ai téléphoné, téléphoné, à la maison de production Zone 3, disant : " Patricia, il vient de m'arriver un gros malheur. La semaine prochaine, je ne suis pas disponible. Je vais te redonner des nouvelles, parce que je ne sais pas du tout ce qui va arriver… " » Des messages surréalistes, *a posteriori*.

À chaque appel, une fois encore, la jeune femme ne trouvait personne à qui parler, pas âme qui vive pour recueillir son angoisse, que des boîtes vocales. Puis, quand les questions professionnelles ont été réglées, Chantal a téléphoné à cinq de ses plus grandes amies, tombant malheureusement, une fois de plus, sur des messageries impersonnelles, sans relâche. « Liette, Manon… je leur disais sur le message, vous venez n'importe quand, mais vous ne me laissez pas seule. Venez me ramasser, et puis Jacques aussi, en passant… »

Quand Jacques a finalement rejoint sa femme à son domicile, plusieurs amis étaient déjà sur place. Chantal était déjà bien entourée, et, grâce à un ami médecin, elle avait déjà en main une ordonnance d'antidépresseurs légers. Dérisoire bouée de survie.

VIVRE LE DEUIL

Une vie sans les enfants commençait. Sans les enfants, mais aussi, pour Chantal surtout, sans une mère et une sœur chéries. Une vie de déchirements, de creux si profonds, d'incompréhension et de révolte. Qui a laissé des traces, jusqu'à aujourd'hui encore.

Il a fallu des années à Jacques et Chantal pour accepter de parler en public de cette douleur trop vaste pour être descriptible, cette perte que seuls ceux qui l'ont vécue peuvent vraiment comprendre.

Envers ses proches, pourtant, Jacques s'est toujours montré prêt à partager son histoire. Sa vision des choses : « Je ne ferai pas le *presto*, visser le couvercle à double tour, non, cela ne m'intéresse pas. J'ai choisi de dire : "Voilà, c'est ma vie, je ne peux pas la changer, c'est ce qui m'est arrivé, je dois vivre avec et je vais l'assumer"».

Aujourd'hui, même si Jacques connaît encore de violents accès de chagrin, même si Chantal plonge parfois douloureusement dans le passé, le couple parvient à évoquer le drame. C'est même avec un certain calme que l'homme évoque la période qui a suivi l'annonce de la tragédie aérienne.

À commencer par ce qui a entouré les obsèques, la paperasse, les détails sordides, et tout d'abord l'attente du retour des dépouilles. Un délai d'une bonne dizaine de jours. L'attente, toujours, mais cette fois sans espoir. Quand les corps sont finalement arrivés, on leur avait conseillé de voir au moins quelque chose des défunts, pour entamer le deuil.

Mais au funérarium, la femme responsable de l'accueil, qui les a rencontrés elle-même, était en larmes après s'être approchée des victimes. «Elle nous a conseillé de ne pas aller les voir, car ils étaient en trop mauvais état. Ils étaient arrivés dans des sacs, bleu, vert. Alors, nous avons décidé de sauter cette étape-là.»

Devant ce deuil immense, Jacques et Chantal ont vu affluer les témoignages de sympathie. «En trois jours de salon funéraire, plus de deux mille personnes sont venues.» Ensuite, les funérailles ont été impressionnantes, raconte Jacques, qui évoque le cortège solennel de quatre corbillards, avec une escorte, et la rue que l'on a fermée pour laisser passer le convoi. Et puis, toute l'attention médiatique braquée sur eux.

Jacques et Chantal, dans ce tourbillon d'émotions, allaient sans s'en rendre compte, du moins jusqu'à ce qu'un thérapeute leur en fasse prendre conscience, prendre des chemins très divergents. Ils allaient vivre ces deuils de façon très différente, spécifique, parfois même aux antipodes l'une de l'autre. Avec la naissance, entre eux, d'un sérieux degré d'éloignement et d'une forte incompréhension, incarnés par des crises qui pouvaient menacer jusqu'à la survie de leur couple.

Jacques, même s'il a depuis appris qu'il existe bien des façons d'exprimer la peine, évoque par exemple aujourd'hui encore avec une dose d'étonnement l'apparent sang-froid de Chantal immédiatement après la perte : « Contrairement à moi, qui explosais, ma blonde vivait sa perte en coupant les émotions. » Il relate le service funèbre : « Pendant la cérémonie, c'est elle qui a lu l'hommage pour sa mère, sans même pleurer ; elle semblait comme déconnectée de la réalité. »

Lui, pour sa part, ne se souvient pas de grand-chose, finalement, sauf de la tourmente, de la violence des émotions. Son ami et collègue Mike, saisissant d'emblée toute la mesure de la détresse, a choisi d'établir son bureau au domicile de Jacques et Chantal. Pour ne jamais laisser son compagnon seul face à ce vide.

Chantal, en plus de la perte de ses enfants adorés, devait aussi absorber la double absence des deux seuls êtres qui auraient pu l'épauler dans la souffrance, hormis Jacques. Il lui fallait composer avec l'absence de cette mère et de cette sœur très proches.

La jeune femme, le regard lointain, évoque la terrible impuissance de ne plus pouvoir simplement prendre le téléphone. « Si quelque chose vous tourmente pour trouver une oreille qui ne se lasse jamais de vos histoires. » Car seule une mère ou une sœur, explique-t-elle, te laissent la liberté de répéter cinquante fois la même histoire, sans se lasser. « Ma sœur et moi, nous étions vraiment très très proches. Nous avions le droit de nous "tirailler", mais nous, seulement, pas les autres. C'était notre privilège, mais nous étions vraiment "tricotées serrées", comme des siamoises, nous savions tout l'une de l'autre. »

C'est cette sœur qui tendait la main quand Chantal avait des chagrins d'amour, des soucis. « Et la voici partie, alors que justement j'aurais eu tellement besoin d'elle ! » Il y a cette colère, les premiers temps, d'être « abandonnée » par les siens disparus si brutalement : « Qu'est-ce qu'elle fait, là ? J'ai de la peine et voilà qu'elle n'est plus là, la maudite. Qu'est-ce que je vais faire ? » Un cumul de deuils, une accumulation exponentielle, en quelque sorte, puisque les seuls êtres qui auraient pu la consoler de la perte de ses enfants étaient morts.

LE FOSSÉ

Trop de deuils, trop de peine, trop de colère. Une colère qui, parfois, se dirige vers l'autre, celui qui est resté, qui a survécu : « Je ne pouvais plus supporter tout ça, toute cette tristesse, alors, veut veut pas, ça sortait. » Jacques ne pouvait à la fois jouer le rôle de conjoint, celui de sa mère, de sa sœur. Des fractures se sont produites dans le couple, l'un ne partageant pas certains aspects du deuil de l'autre. Car si Jacques ne comprenait pas l'apparent calme de sa femme, Chantal, de son côté, ressentait de la colère, de l'incompréhension, dans plusieurs situations, dont l'une en particulier reste profondément gravée dans sa mémoire, quand Jacques s'est avéré incapable de l'aider à effectuer le tri des affaires de sa mère, dans la maison de la défunte. « Il ne parvenait même pas à mettre un pied dans la porte. Et moi, je ne supportais pas. »

Chantal vivait l'incapacité de son compagnon à lui porter assistance comme une dérobade face à son propre deuil, une forme de rejet. Ce n'est que plus tard, avec l'aide du thérapeute, qu'elle a compris que son mari était tout simplement tétanisé par la douleur, incapable de faire face au trop-plein d'émotions lors de ce retour dans une demeure si lourde d'un passé heureux,

« cette boîte à souvenirs » comme il l'appelle encore. Ce concentré de bonheur perdu à jamais et dont les effluves l'étouffaient.

D'ailleurs, quand Jacques de son côté décrit la scène, sa voix vibre d'émotion : « Quand je suis entré dans cette maison, ç'a été terrible. On m'aurait donné un coup de poing au visage, on m'aurait frappé avec une batte de baseball, l'effet aurait été le même. » Incapable de respirer, submergé, il se souvient d'avoir suffoqué. « Je suis ressorti. Chantal était dans une colère noire. Elle n'a pas compris, mais je ne pouvais pas l'aider à remplir des cartons avec tout ce passé. »

Cet épisode a déclenché une immense crise entre Jacques et Chantal, qui sont alors passés à un cheveu de la séparation : « On se serait laissés là, point final », explique Jacques.

Chantal parle encore de ces longs mois de crise, d'incompréhension mutuelle, qui ont suivi la disparition des enfants. La pire période fut celle de la rentrée scolaire, de la mi-août à la mi-septembre. « Tout dans les rues, dans les boutiques, nous rappelait les enfants, ces gestes que posent les parents et que nous n'avions plus de raison de poser. » Les effets scolaires à acheter, une mère avec son enfant dans les allées du supermarché, les cahiers colorés aux devantures des boutiques. L'insupportable vide de ne plus avoir ce rôle à remplir.

Au cours de ces mois-là, cet automne de l'enfer, Jacques et Chantal ont vraiment touché au paroxysme de la douleur. Quel sens restait-il à la vie ? Entre eux, les reproches, l'amertume, souvent : « Avant l'accident, nous avions projeté de nous marier. Après, nous avons tout annulé. Au lieu de nous marier, nous avions bien failli nous séparer. »

Chantal n'y va pas par quatre chemins : « Être à deux, pendant ces mois-là, c'était dur, parce qu'on ne vivait pas notre deuil du tout de la même façon, Jacques était une boule d'émotion. » Parfois, continue-t-elle, cette rage était vraiment déchaînée, et « c'est moi qui la recevais directement, sans filtre, me disant : "Wow, cette colère ne m'appartient pas". » Il fallait, dit-elle, qu'elle se protège, car Jacques était comme un volcan, « Jean qui rit, Jean qui pleure… et il pleure fort ! »

Chantal semblait apparemment parvenir à s'organiser, à juguler ses émotions et à fonctionner. Elle a su, constate-t-elle, identifier sa douleur, mettre le doigt dessus et la nommer. Et ainsi agir en conséquence pour la tenir en échec : « Parfois, il faut que je voie du monde, que je m'entoure. Par moments, par contre, il faut que je sois totalement seule. Mais je sais déterminer ce qu'il me faut et à quel moment. »

Là encore, les besoins des deux conjoints ne sont pas toujours les mêmes, comme ce fut le cas en mars 2008, date anniversaire de la tragédie : « Il me fallait des gens dans la maison, sauf que Jacques ne voulait voir personne, alors je me suis un peu modelée à ses besoins. » Car c'est ainsi, parfois, dans un deuil aussi profond : les besoins de l'un et de l'autre fluctuent, on a besoin d'être seul, ou au contraire soutenu par des proches, on se retire ou on s'immerge, on se raccroche au concret ou on s'évade en pensée, pas forcément en même temps et de la même manière.

L'un comme l'autre rendent grâce au thérapeute de deuil qui les a suivis un bon moment, les guidant, aidant à combler le fossé entre eux. Sans lui, sûrement, déclare Chantal, leur union n'aurait pas résisté à cette épreuve. La plupart des couples qui perdent un enfant se séparent, rappelle en passant gravement Jacques. Et les amis, eux, ne sont pas armés pour aider à soulager une si grande douleur. « Il faut l'intervention de quelqu'un de neutre. »

Aujourd'hui, les périodes de tension se sont espacées, même si, précise Chantal, le temps est bien loin d'être au beau fixe. D'ailleurs, le sera-t-il jamais? Mais entre eux, les choses vont beaucoup mieux. L'affection qu'ils se portent est palpable. Leurs regards s'arriment l'un à l'autre, un sourire, un geste. Ils ont raccroché. La base d'amour, il faut dire, était solide. Et il fallait qu'elle le soit pour affronter une telle tragédie.

REDÉFINIR L'AMITIÉ

D'autres relations dans leur vie ont aussi connu un tournant, parfois décisif. Chantal explique qu'un nombre impressionnant de gens ont répondu présents au moment où ils en ont eu besoin. Sans ces précieux tuteurs, auraient-ils pu traverser le deuil? Pas sûr.

Chantal nomme ces gens qui ont su aller au-devant de leurs attentes, être à l'écoute, mettre parfois leur vie en suspens, pour les soutenir. Bahia, qui avait peur que la présence de son bébé ne soit douloureuse à Chantal. Annick, qui a littéralement nourri le couple. Laila et son mari, que Chantal connaissait depuis le cégep. Tous ces gens qui ont pris une importance dans leur vie, et qui, chacun à leur façon, ont contribué à les guider vers un semblant de guérison.

Par contre, dans le sillage du deuil, des failles se sont ouvertes dans d'autres relations amicales. Chantal explique que certains amis de longue date ont réagi de façon étrange, imprévisible et imprévue. D'autres de façon décevante, n'ayons pas peur des mots.

« Quand vous traversez une telle épreuve, vos amis proches, eux aussi, vivent un deuil. Nous ne sommes plus les mêmes, nos valeurs changent. Tout à coup, certaines choses deviennent extrêmement importantes, et d'autres deviennent carrément futiles. »

Certaines personnes de l'entourage de Chantal et de Jacques se sont éloignées, naturellement, effrayées peut-être par ce concentré de douleur qui exacerbait leur propre fragilité. Certains sont partis, comme s'ils n'avaient plus de rôle à jouer dans la nouvelle donne de la vie du couple.

Plus choquant, d'autres amis auxquels ils se sentaient très liés ont voulu carrément s'approprier leur perte : « "Votre deuil à vous est important, mais le mien est encore plus grand". C'est ce que nous avons senti. Et cela nous a fait un choc. »

Chantal explique ce phénomène étrange, dont elle n'a pris conscience qu'au bout de quelque temps, plongée qu'elle était dans son malheur : « Ce que nous avons vécu a bouleversé des gens. On pense connaître nos amis, mais il y a des aspects d'eux que l'on ne perçoit peut-être pas réellement. » Des cassures qu'ils ont vécues et des pertes. Des choses qui ne sont pas réglées dans leur vie et que le deuil d'un proche ravive dangereusement.

Chantal et Jacques ont vécu ces réactions comme une négation de leur perte. La jeune femme raconte avec encore un peu d'amertume, malgré son ton posé, l'attitude choquante d'une amie de toujours qui a tenté de récupérer son fils décédé à des fins toutes personnelles : « Elle me disait : "Tu sais, ton fils, j'en étais très proche". » Mais, assure Chantal avec véhémence, elle n'en était pas si proche, en vérité, elle ne l'avait vu peut-être que quatre fois dans sa vie.

Ces personnes, poursuit Chantal avec une certaine rancœur, réinventent le passé pour l'adapter à leurs besoins, « et tout à coup cela devient leur chagrin à eux et non le vôtre ». La jeune femme, tout comme Jacques, n'avait pas besoin de telles attitudes,

« c'est malsain, il y a une "bibitte" et elle ne m'appartient pas, je n'ai pas envie de la régler ; elle n'est pas là pour moi, c'est plutôt moi qui suis là pour elle ».

À quelques reprises, Jacques et Chantal se sont ainsi éloignés de ces relations clairement néfastes. Ils ont par contre choisi de cultiver abondamment de nouvelles amitiés beaucoup plus positives et plus simples, parmi tous ceux qui gravitaient désormais autour de leur univers en plein bouleversement.

FAIRE LE CHOIX D'AVOIR UN AUTRE ENFANT

Chantal est tombée enceinte au mois de janvier, soit dix mois environ après le drame.

Le couple est formel : même au fond de leur désespoir, et très rapidement après la tragédie, au lendemain peut-être même, croit-il, il a sû qu'il désirait avoir un autre enfant.

Jacques raconte qu'ils auraient même souhaité en avoir deux autres. Mais, après la naissance d'Olivier, Chantal a appris qu'elle ne pouvait plus donner naissance, « et cela a été un deuil aussi, pour elle surtout, car elle y tenait beaucoup ».

Là, explique Jacques, il a fallu s'asseoir et se dire clairement : « Regarde, est-ce que nous pouvons être heureux ainsi, avec un enfant, avec ce que nous avons ? Nous en avons un, c'est assez, il est parfait, il est jeune, il est plein de vie. »

Avoir Olivier fut un choix qui s'était imposé à eux, mais un choix difficile, car comment ne pas revoir leurs enfants disparus derrière le fin visage de ce nouvel être ? Pas question en effet pour le couple de faire d'Olivier un enfant de remplacement, voué à la lourde tâche de combler un vide immense.

« Déjà, il était important pour nous d'avoir un enfant différent, avec une personnalité bien distincte, car tout le monde nous disait : " Il ne faudrait pas que vous ayez un enfant de substitution ". »

Chantal en particulier était bien consciente du risque, connaissant plusieurs personnes qui avaient grandement souffert d'avoir été elles-mêmes des substituts pour leurs parents. « Quand celui qui est parti est plus important que celui qui reste, c'est qu'il y a un problème ! »

Ce qui a aidé, c'est que Ludovic et Héloise étaient physiquement très différents d'Olivier, comme s'il s'agissait de deux « portées » différentes, déclare-t-elle en riant légèrement. C'est d'ailleurs avec le sourire dans la voix que la jeune femme évoque longuement la beauté de ses enfants disparus : « Héloise était noire noire noire de cheveux, avec les yeux verts et Ludovic un peu moins foncé. Tous deux, déclare-t-elle, avaient le gabarit de Jacques, et de gros cheveux, épais, beaucoup de cheveux. »

« Ludo en particulier, avait une de ces tignasses, je pouvais me mettre le nez dedans et le peigne tenait tout seul tellement il y en avait… » Olivier, avec sa beauté délicate et ses cheveux fins, est manifestement un petit individu à part entière, impossible à confondre avec quelqu'un d'autre.

Olivier, à l'âge où s'éveille la conscience des autres, parle à ses parents de sa sœur et de son frère disparus, qu'il aurait voulu connaître. Avec la simplicité des jeunes enfants, il exprime de la curiosité. Leur histoire suscite chez lui de sérieuses questions pour un si jeune être, sur la mort, l'absence. Chantal et Jacques ont choisi de répondre, avec le plus de franchise possible, à toutes ses interrogations.

CHOISIR LA VIE

Aujourd'hui, si vous croisez Jacques dans les couloirs de Radio-Canada, vous serez frappé par l'énergie qui émane de cet homme au regard pétillant, au sourire immédiat, qui salue chacun, plaisante, donne une tape réconfortante dans le dos d'un collègue un peu las. Jacques, c'est un soleil dans l'immense salle de rédaction de RDI. Son grand rire, souvent, jette un peu d'humanité dans un univers de frénésie, où chacun est enchaîné à sa tâche, et ne regarde pas les autres.

Comment l'homme, qui a tant vécu, tant traversé d'épreuves, explique-t-il cette capacité à irradier de la bonne humeur ? Quand on a vécu un tel drame, comment trouver en soi la joie, comment la prodiguer encore aux autres, surtout ?

« Ça n'arrive pas tout de suite. Le goût à la vie et à la joie est revenu graduellement, mais ce que je peux dire, c'est que je me suis fait un devoir, depuis que ce malheur est arrivé, de communiquer de la bonne humeur et de la joie aux autres. »

Au travail, en particulier, il explique ne pas vouloir étaler son douloureux passé : « Je me suis dit que les gens qui vont vivre avec moi n'ont pas besoin de tout cela, alors nous allons vivre, et nous allons essayer d'avoir du plaisir. C'est important de rire aujourd'hui, d'avoir du fun. »

Chantal, sa main sur l'imposant bras de son mari, tempère un peu ce tableau optimiste. Il ne faut surtout pas croire que la tempête s'est entièrement dissipée pour faire place à un ciel limpide. La peine est toujours là, menaçante, tapie dans l'ombre, qui pointe sa sinistre tête quand on s'y attend le moins. À la maison, Jacques n'est pas toujours de bonne humeur, pas toujours enjoué. Il a des moments plus difficiles. Chantal, elle aussi, connaît des phases de grand désespoir. Qui pourrait s'en étonner ?

Jacques explique qu'il lui aura fallu plus d'un an avant de reprendre un peu pied, et encore un tout petit peu seulement. Pour pouvoir à nouveau rire, parfois, et profiter des menus plaisirs de la vie. Parents en deuil, sœur et fille frappée par la perte, ils seront toujours en proie à une infinie tristesse. Mais tant Jacques que sa femme portaient en eux bien avant le drame, et ils l'avouent sans détour, une grande aptitude au bonheur, une disposition qui a fait en sorte qu'au lieu de se replier sur eux-mêmes, réflexe naturel et légitime, ils se sont tournés vers les autres pour profiter de toutes les occasions que leur offrait l'existence.

Chantal réfléchit tout haut à cette qualité : « Je crois que, même avant l'accident, avoir du plaisir au quotidien était une valeur fondamentale. » Elle pense qu'après une épreuve aussi dévastatrice que la leur, on ne se transforme pas du tout au tout, « sauf que l'ordre des choses se modifie un petit peu ».

Pour elle, par exemple, si le travail occupe toujours une place importante, il n'est plus primordial, comme ce fut le cas, regrette-t-elle, à certains stades de son existence, y compris quand les enfants étaient petits. « Après l'accident, il devenait fondamental de ne pas être malheureuse dans le quotidien. Nous avons eu notre dose de malheur et de tristesse, il est inutile d'en rajouter. »

Et pour attirer le bonheur, pense Jacques comme Chantal, il faut avant tout le projeter : « Si toi tu as une attitude positive, habituellement les gens autour vont avoir une attitude positive. L'inverse est vrai : une attitude négative, sombre et apitoyée sur soi attire la même chose. Et vous éloignez les gens, aussi. » Il faut, déclare Chantal, mener la vie dure au malheur.

Jacques souligne de son côté que l'aide de l'entourage, et un entourage très élargi, a été d'un immense secours : « Dans tout ce qui est arrivé, mon état d'âme, son état d'âme, nous avons dans notre malheur été très très chanceux, car nous avons toujours eu des gens autour de nous. »

Ces présences multiples et bénéfiques, Jacques et Chantal ont instinctivement choisi de s'en entourer, comme s'ils savaient intuitivement que cela aiderait à leur survie.

Comme le dit Jacques, « c'est le choix que nous avons fait, car nous ne voulions pas rester seuls dans notre malheur. Peu importe si je ne vous parle pas, mais vous êtes là, à mes côtés, et ce que vous dégagez fait en sorte que je me sens moins seul à vivre ma peine ».

De fait, les amis et relations du couple ont prodigué un soutien exceptionnel, incroyable, ce qui en dit long sans doute sur la capacité de Chantal et Jacques à cultiver l'amitié. Pendant au moins un an, raconte Chantal, le regard bleu très intense, elle et Jacques n'ont que très rarement mangé seuls à la maison. Au moins trois fois par semaine, c'était le restaurant avec des amis, souvent plusieurs, « nous nous retrouvions toujours au moins six à table ».

Et le couple, puisant dans toutes les formes de réconfort, acceptait toutes les invitations, même celles de gens qu'il connaissait à peine : « Nous étions pris en charge, et nous ne voulions pas dire non, ça aurait été impoli. »

Surtout, comme le dit Chantal, dès qu'il voyait une porte qui s'ouvrait, le couple s'y engouffrait. « Je crois que si nous avons un mérite, c'est d'avoir accepté les mains tendues. » Beaucoup de gens leur ont donné des tapes dans le dos, les ont poussés, tirés, aidés à se relever, alors qu'ils étaient en train de s'effondrer.

Au-delà de tout cela, Jacques et Chantal ont eu cette capacité de nourrir des projets, malgré leur tristesse.

Un projet particulièrement difficile à mettre en œuvre fut celui de partir en voyage, peu de temps après la disparition : « Ils sont morts le 14 mars. Nous avons eu l'enterrement et tout ce qui va avec. À Pâques, au mois d'avril, nous sommes allés chez des amis, Michelle et Pierre, qui nous ont dit : " Nous avons un appartement à Bandol au bord de la Méditerranée, nous vous le prêtons entre le 30 mai et le 10 juin. Il est à vous, et c'est gratuit ". »

Premier réflexe, refuser, se replier sur sa douleur. Refuser même d'envisager de se permettre un contact avec le plaisir. « Nos amis nous ont donné un bon coup de pied aux fesses ; si nous n'avions pas eu ces gens-là, nous n'aurions pas pris l'initiative personnelle de dire : " Allons en Europe passer deux semaines ". »

Un voyage salutaire, pourtant, pendant lequel la douleur s'est intensifiée, déchaînée, avant de se laisser un peu mieux dompter. Le couple raconte être resté enfermé dans l'appartement de Bandol, pleurant, criant, tentant de vider la peine inextinguible, de longues heures, avant de se reprendre et de se dire : il faut sortir.

Chantal se revoit avec Jacques, sur la terrasse de l'appartement, en train de boire un verre de vin, pleurant sans relâche : « Le rosé, nous le pleurions au fur et à mesure que nous le buvions. »

Il faut dire, poursuit Jacques avec une gravité nouvelle, qu'à la maison, c'était le silence : « Du jour au lendemain, plus un bruit chez nous, plus de cris, de course, et c'est l'horreur d'entendre ainsi le silence dans la maison. » Sortir, donc, d'autant que ce vide s'incarnait aussi dans une atroce et nouvelle liberté, celle de ne plus avoir à jouer le rôle de parents : « Nous avions tellement de temps à nous… »

Du temps, car Jacques, en particulier, est resté un long moment en congé de maladie : « J'ai été arrêté neuf mois, neuf, comme pour une gestation. »

Chantal, au contraire, a voulu raccrocher très vite, replonger dans un tourbillon d'activités : pigiste, elle a multiplié les démarches, redémarrant avec une foule de petits contrats très variés. Rapidement, une offre de travail chez Vision Globale, afin d'y créer un département de doublage et de son s'est présentée. Partager leur histoire avec d'autres personnes endeuillées a également joué un rôle salutaire, même si parfois le rôle pouvait devenir lourd et qu'à quelques reprises, ils ont un peu eu le sentiment d'être les endeuillés de service.

Jacques raconte que partout, aujourd'hui encore, les gens s'ouvrent à lui et à Chantal de leur propre perte, laissant tomber toutes les barrières, alors qu'ils ne se seraient jamais confiés à des inconnus en temps normal. « Quand tu as vécu quelque chose de cette nature, et que ça se sait, les gens n'ont plus de retenue avec toi, ils vont tout te dire. » S'ouvrir, mais aussi dans certains cas entrer dans leur intimité.

Pour Jacques, se placer en mode projets a constitué un système de défense très efficace, très thérapeutique. Au retour du voyage en Europe, le couple a acheté un chalet en Estrie, et, changeant de rythme de vie, a délaissé la ville au profit de la campagne, du jeudi au dimanche.

Jacques, en arrêt de travail, s'est attaché à la rénovation systématique du chalet, construisant, réparant d'arrache-pied, comme si sa vie en dépendait. « L'air de rien, ce changement a été bénéfique. »

Le chalet est vite devenu un carrefour, un lieu où recevoir tous ces amis qui avaient tendu la main : « Nous avons rendu ce qu'on nous avait donné. » En riant, Chantal explique aussi que la bonne bouffe a pris une place importante dans leur vie : « Nous nous sommes mis à faire plein de petits plats. » D'ailleurs, renchérit Jacques, manger, pendant longtemps, a constitué le seul plaisir à leur portée. Un plaisir qu'ils s'attachaient à saisir à pleine bouche. « Ce que nous avons mangé ! » confirme gaiement Chantal.

LE RÉCONFORT DU BONHEUR PASSÉ

Certains souvenirs chers et le sentiment d'avoir quitté les disparus dans les meilleures conditions possible, avec une relation aimante et forte, ont aussi réconforté grandement le couple, Chantal, en particulier.

Elle est heureuse de pouvoir dire que, dans les années qui ont précédé la mort de sa mère, elle avait réglé beaucoup de choses avec celle-ci, fermé plein de parenthèses importantes, lourdes de symboles. « Aujourd'hui, je suis bien riche de tout cela. »

Des moments heureux, comme quand, l'année précédant la disparition, ils ont eu le bonheur de louer tous ensemble un chalet à Sutton dans les Cantons de l'Est, se rapprochant encore, si c'était possible. Ils avaient même, dit-elle, le projet d'acheter une maison de campagne commune.

Chantal sait que sa mère aura vécu une fin de vie extraordinaire, entourée de ceux qu'elle chérissait.

Vif aussi, à la mémoire de Chantal, le souvenir de cette journée de cueillette de pommes avec toute la famille. « Ma mère et moi nous sommes mises à l'écart des autres pour manger notre lunch. Elle m'a parlé des différentes espèces de pommes, de leurs qualités, à quoi elles servaient. Puis nous avons passé un week-end à faire des tartes. Elle m'a enfin transmis cet art. »

Vraiment, s'émerveille Chantal, tout baignait dans l'huile et ce Noël-là, c'est la mère qui les a reçus pour le réveillon. Chantal raconte que sa mère a dit, autour de la table : « C'est la dernière fois que je vous reçois dans ma maison, car je ne serai pas là l'année prochaine. » Elle avait en effet l'intention de vendre sa maison. Le destin devait lui donner tristement raison, car de fait, ce fut vraiment leur dernier Noël ensemble.

Si évoquer de tels pans heureux du passé était impossible quand la tragédie était toute fraîche, Chantal peut en parler à présent, à condition de faire bien attention de ne pas réveiller des émotions trop profondes. « Mais en même temps ce sont des souvenirs heureux, alors les évoquer n'est pas toujours nécessairement triste. »

Jacques trouve clairement une consolation dans le fait de se dire que ses enfants ont vécu des moments formidables durant leur courte existence. Y compris cette dernière semaine de vacances cubaines. « J'ai dit à tout le monde : "Tu sais, nos enfants, quand ils sont morts là, ils étaient heureux. Remplis de bonheur. Ils rêvenaient de passer la journée à nager avec les dauphins, ils n'étaient pas dans la misère à aller au combat, ils ignoraient la faim, ils étaient dans un monde extraordinaire, dans un endroit où la plupart des enfants ne vont pas, dans un cinq étoiles avec leur grand-mère et leur marraine. Ils avaient du plaisir". »

De telles pensées, ajoute-t-il, ont beaucoup pesé sur la nature de ses réminiscences. « Quand je me suis mis à réfléchir, oui j'ai eu à me convaincre, parce qu'à un moment donné tu as tellement de peine. Mais j'ai pu me dire qu'ils n'étaient pas malheureux, ils n'ont pas été violentés, ils étaient entourés d'amour. »

La culpabilité d'avoir laissé les enfants partir avec leur tante s'est aussi dissipée. « Longtemps, nous nous sommes sentis coupables d'avoir autorisé ce voyage pour les enfants, et un jour une dame très très gentille nous a parlé, elle nous a dit : "Écoutez, moi je pars souvent avec mes petits-enfants, arrêtez de vous torturer!".»

Cliché que de dire que le temps cicatrise les plaies, mais dans ce cas, c'est à la fois vrai et faux : Chantal confirme que ses grosses déprimes s'espacent au fil des années. Par contre, ces reculs, comme elle les appelle, moins nombreux, semblent plus forts, plus intenses. Plus redoutables. Les zones d'ombres alternent encore avec les embellies, même si la fréquence de ces dernières augmente.

La douleur a connu un autre paroxysme en mars 2008 : «L'année dernière, ça faisait plus longtemps qu'Héloise et Ludo étaient morts que vivants, le choc!» Chantal a alors connu une très grosse période de cafard.

ALLER AU BOUT DE LA SOUFFRANCE

Tout de même, cet instinct de vie qui les habite, qui colore tous leurs propos, même les plus graves, est sûrement la clef de la capacité de Jacques et de Chantal à continuer, à reprendre le fil de leur existence, à choisir de faire confiance à la vie, suffisamment pour mettre un autre enfant au monde.

Jacques, plus jeune, il faut le dire, avait déjà connu deux deuils significatifs, celui de sa sœur morte très tôt, alors qu'il avait vingt et un ans, et de son père, l'année suivante : «J'ai perdu ma sœur de vingt-trois ans une semaine après son accouchement. C'était probablement l'être le plus cher au monde pour moi à cette époque.»

Le plus gros drame, peut-être, c'est que son père s'est suicidé un an plus tard. C'est la police qui est venue lui annoncer la nouvelle : « On a retrouvé votre père, il s'est pendu. » Jacques ne peut s'empêcher de siffler « tabarnak ! » entre ses dents. Après ce drame, il a ressenti la profonde injustice de l'existence, mais il a aussi appris à composer avec les coups du sort. Alors, conclut-il, quand le deuxième drame est arrivé, les émotions étaient déjà connues, « même si c'était cinquante fois plus important que la première fois ».

Ces premiers deuils l'ont-ils préparé à affronter un malheur encore plus grand ? Difficile de répondre à la question.

Mais à l'heure actuelle, Jacques, comme Chantal, a toujours envie de vivre : « Moi, honnêtement, je suis déjà allé au fond de ma douleur, le jour où nous avons appris la nouvelle, cela nous a sonnés pendant des semaines et des semaines et des semaines. Sauf que le désir de vivre, dit-il, est plus important que celui d'atteindre un fond de douleur et d'y rester pris au piège. » Il croit fermement que la peine ne fait pas avancer grand-chose. « On a si mal, et puis une fois que c'est fini, il ne te reste plus rien, tandis que si tu as le goût de vivre, tu avances. Je me suis toujours dit : il faut que je mette du bonheur partout. »

Du bonheur, autour de lui, au travail et chez des amis, mais aussi pour Chantal, qui a tant perdu, et pour son petit Olivier.

« Face à ce qui est arrivé, je n'avais pas le choix, je ne pouvais pas reculer et dire : "J'arrête, je ne suis plus capable de vivre. Ou je meurs ou je continue". »

La cloche a sonné, déclare Jacques, « mais nous avions beaucoup le goût de vivre ». Face à leur histoire, certains emploient le mot *recommencer*, mais lui choisit plutôt *continuer* : « Nous, depuis le début, nous avons décidé que nous continuions à vivre. »

Par contre, Jacques est conscient que l'existence a lourdement hypothéqué son capital de souffrance. «S'il m'arrivait un autre malheur, déclare-t-il d'un ton neutre, sans vouloir dramatiser, je ne réponds de rien.»

NÉGOCIER LE PARADOXE DU DEUIL

ENTREVUE AVEC JOHANNE DE MONTIGNY, PSYCHOLOGUE ET SPÉCIALISTE
DE L'ACCOMPAGNEMENT DES PERSONNES ENDEUILLÉES

En vingt-trois ans de pratique, la psychologue Johanne de Montigny a acquis une grande connaissance des multiples facettes du deuil et de ses manifestations. Ayant accompagné toutes sortes de personnes dans leur démarche, elle en a tiré des leçons empiriques, mais a surtout appris que l'on ne peut codifier la réponse des individus à cet événement crucial que constitue la perte d'un être proche, qu'il nous soit cher ou non, mais à tout le moins significatif.

« On développe une certaine expertise, mais en même temps on ne s'habitue pas à cette tristesse », déclare Mme de Montigny de sa voix lénifiante et puissante à la fois, une voix de thérapeute compétente. Une voix pleine d'humanité, aussi.

PAS TOUS ÉGAUX DEVANT LE DEUIL

Pour Johanne de Montigny, certaines personnes disposent d'une réserve de résistance plus importante que d'autres face à l'adversité, et pas seulement face au deuil. Sans poser aucun jugement de valeur, elle a par contre constaté que des individus vont se montrer plus vulnérables, parce qu'ils sont en quelque sorte complètement usés, peut-être à cause de pertes multiples et consécutives, ou encore par une fragilité de leur santé psychologique et physique. Parfois, il s'agit d'une combinaison de tous ces facteurs.

Une autre variable qui aidera à surmonter le deuil ou au contraire en freinera la « guérison » : ce sont les circonstances du décès. Contrairement à certaines idées reçues, toutes les disparitions ne pèsent pas de façon égale dans la balance. Certaines ont un impact plus dévastateur que d'autres. De fait, précise la thérapeute, le pire deuil, c'est en fait le nôtre, car il s'agit aussi de ce que nous perdons de nous-même en perdant l'autre.

Il reste que parfois les gens essaient de comparer des types de deuil et d'en graduer la gravité. Une perte qui est prévue, annoncée, programmée par une longue maladie versus une perte subite. Ou encore une perte collective par rapport à une perte individuelle ; une perte par disparition par rapport à une mort confirmée. Ou encore celle d'un enfant par rapport à une personne âgée.

Il faut, selon la thérapeute, faire preuve d'extrême prudence devant la tentation de hiérarchiser ainsi la valeur du deuil, bien que toutes les recherches confirment que la perte d'un enfant, ainsi que la perte par suicide, constituent des épreuves excessivement difficiles à surmonter. Mais, là encore, certaines (rares) exceptions peuvent s'appliquer : « Parfois, quand des enfants ont été très difficiles, par exemple quand ils ont souffert de troubles mentaux sévères et préoccupants ou encore quand ils ont été nuisibles à la société, dangereux pour eux-mêmes ou pour les autres, quand cela fait plusieurs fois qu'un jeune menace de tuer ou de se tuer, alors si la mort le surprend, pour une raison ou pour une autre, la donne sera différente. La mort qui délivre existe aussi.

Les parents, c'est certain, n'exprimeront jamais tout haut le fait que cette disparition ne les afflige pas tellement, car cela n'est socialement pas acceptable. Mais il se peut à l'occasion qu'ils se trouvent inconsciemment libérés d'un fardeau. Et la difficulté, dans ces cas-là, réside dans le poids de la culpabilité qui pèse sur les parents, déchirés entre deuil et soulagement.

D'ailleurs, dans le deuil, ce fameux sentiment de culpabilité est pesant, universel, selon Johanne de Montigny. Et ceci est particulièrement remarquable au Québec, encore peut-être plus chez les femmes qui ont, dit-elle, un grand sens des responsabilités. Sans vouloir insinuer que les hommes ne prennent pas les leurs à cœur, elle a constaté dans sa pratique comme dans la vie courante que bon nombre de femmes vont prendre sur elles plusieurs aspects de la vie de leurs proches et pensent devoir se charger du bonheur ou du malheur des leurs.

UTILE CULPABILITÉ... POUR UN TEMPS

Avec le deuil, le sentiment de culpabilité est en général une variable qui prend un sens tout particulier : « Si on ne se sent pas coupable, juste après la perte, on a peur de manquer d'amour, peur de prendre la disparition à la légère. » Utile, donc, ce sentiment, à condition qu'il ne se prolonge pas trop et qu'il n'alourdisse pas trop notre quotidien.

La culpabilité nous permet de comprendre que la perte est grave pour nous. Il s'agit d'un sentiment presque inévitable, une sorte de baromètre qui crie au disparu : « Je suis encore avec toi, tu as souffert, donc pendant les premiers mois quand je souffre du deuil, j'ai l'impression d'être en contact avec toi, avec ce que tu as vécu. » Celui qui demeure plongé dans ce sentiment de culpabilité reste en quelque sorte soudé au disparu. «Même si la mort est venue te chercher, je ne suis pas prête à te laisser aller.»

Concrètement, la personne endeuillée va culpabiliser à propos des petits moments de plaisir de la vie, par exemple en passant une bonne journée, sans éprouver trop de tristesse, sans pleurer.

L'endeuillé va se reprocher ses moments de répit, mais s'attachera aussi à revivre des épisodes du passé avec le disparu, regrettant de ne pas avoir été la personne parfaite pour l'être aimé, que ce soit la mère parfaite, l'épouse idéale, le fils prévenant. «Car, explique l'experte, dans le processus du deuil, il est tout aussi naturel de tomber dans l'idéalisation de celui qui est parti et de notre amour pour lui, que de se sentir coupable.»

Dans cette phase, nous sommes alors en contact direct avec le sentiment véritable d'amour que nous ressentons, mais qui est un amour particulier, car complètement centré sur ce que nous venons de vivre. La perte.

RÉPARER, MÊME AU-DELÀ DE LA MORT

Le deuil sera plus difficile à négocier si des contentieux persistent avec le disparu au moment du décès. Une longue maladie peut être très douloureuse pour une famille, mais elle permet souvent aux proches de mettre de l'ordre dans les relations intimes, d'évacuer les conflits. De faire la paix.

En cas de perte, ou si l'on a été dans l'incapacité d'aplanir les différends, le deuil risque d'être double, car, souligne Mme de Montigny, la personne est alors en deuil de l'incapacité de réparer une relation qui pouvait être chaotique et conflictuelle.

«Lorsqu'on est en paix avec le passé, avec nos relations, on est clairement plus à même d'affronter la perte, le manque, parce qu'on se dit : " J'ai fait ce que j'avais à faire et je me sens serein ou sereine d'avoir eu ce contact privilégié, en toute intimité". »

Le plus souvent, un départ brutal, comme un accident d'avion, ne laisse pas à ceux qui restent la possibilité de faire le bilan de leur relation avec le défunt. « Il se peut que l'on ait déjà été en harmonie, ce qui facilite les choses, mais il se peut aussi qu'on perde soudainement une personne sans avoir pu régler les conflits ni lui dire au revoir. »

Dans tous les cas, même si un important conflit n'a pas été réglé, il est toujours possible de trouver la paix, même après la mort de la personne concernée, selon Johanne de Montigny : « On peut quand même passer à travers ce deuil si quelqu'un nous apporte son aide, nous soutient dans cette démarche *post mortem*. » Pour parvenir à cette réparation en l'absence de la personne concernée, il faut cependant être à même de symboliser, parce que le défunt n'est plus là physiquement. Il faut donc parvenir à entretenir un rapport avec le lien que l'on avait avec la personne plutôt qu'avec la personne elle-même.

Et dans le cas d'une relation conflictuelle, il s'agit d'établir un rapport avec le lien perdu, lien que l'on peut, selon la thérapeute, non seulement récupérer, mais restaurer, du moins en partie.

Elle donne l'exemple d'une lettre rédigée *post mortem*, qu'on pourrait écrire au défunt, d'un pardon que l'on demande ouvertement, peut-être même en ayant quelqu'un comme témoin de cette démarche réparatrice. L'aspect solennel, le rituel, revêtent une importance dans l'efficacité de la démarche, mais la forme que celle-ci va prendre est toute personnelle : il peut s'agir de se rendre au cimetière pour s'adresser au défunt, de lui consacrer une allocution dans le cadre d'une réunion familiale, une cérémonie, etc.

Tout le monde n'est pas en mesure de réparer ainsi les relations défectueuses avec un mort. Johanne de Montigny a ainsi rencontré des personnes très pragmatiques, très axées sur les faits et incapables d'abstraction : « Dans ces situations, si la personne avec laquelle on était en conflit n'est plus là, pour eux, alors il est trop tard. Ces personnes endeuillées n'arrivent pas du tout à donner un sens à une démarche symbolique, en l'absence du mort. »

CRÉER POUR SUBLIMER

Et pourtant, la réparation symbolique peut s'avérer très bénéfique et thérapeutique : « Les êtres humains ont la chance d'avoir une pensée qui s'élève au-dessus de la réalité immédiate. » Car bien que l'humain soit prisonnier de son enveloppe charnelle et de sa réalité physique, il a seul cette capacité de transcender son vécu. Là entre aussi en jeu la capacité de créativité de l'individu, qui, en composant, en écrivant, en peignant va sublimer sa peine et mieux la juguler.

Les créatifs, les artistes, ont peut-être une longueur d'avance dans le processus qui mènera à la résolution du deuil. Mais ce type de démarche n'est pas l'apanage des créateurs établis, et peut s'exprimer simplement, de bien des manières, pour tout le monde.

Mme de Montigny évoque pour illustrer cette idée le cas de Pierre-Hugues Boisvenu, cet homme dont la fille a été assassinée en 2002, et qui, depuis, consacre ses forces à la défense des droits et des intérêts des victimes d'actes de violence ainsi que ceux de leur famille. « Ce qu'il a entrepris, c'est une œuvre en un sens, son œuvre à lui. Il a créé une association pour venir en aide aux parents d'enfants victimes d'agressions. »

L'important est que cette démarche constitue une sorte de legs aux proches, un hommage au mort, et en même temps une ouverture sur le monde.

Parlant encore de reconstruction, de réparation, Johanne de Montigny souligne d'ailleurs qu'il est essentiel de ne pas rester replié sur soi, sur sa souffrance, et sur une perte qui paraît d'autant plus énorme que l'on est seul. L'une des clefs vers le mieux-être est en effet plutôt de s'ouvrir, de s'unir à d'autres, en particulier ceux qui ont aussi l'expérience du drame, pour mieux le transcender.

Ce processus permet en fait de donner un peu de sens à l'insensé, à l'incompréhensible vide devant lequel nous nous sentons si démunis.

LES ÂGES DU DEUIL

Renouer avec la vie est donc possible.

Mais avant d'arriver à trouver un sens au départ de l'autre ou à sa vie sans l'autre, le mécanisme à mettre en place peut être long. Il est nécessairement précédé par une phase de déni ou de refus, et de tristesse profonde. L'endeuillé est en état de choc, il est plongé dans un cauchemar, une impression de surréel, qui peut durer des jours, ou des semaines, c'est très variable.

Pour bien comprendre le processus de deuil, et parvenir à le vivre sans en garder trop de blessures ouvertes, il est utile d'en connaître le chemin habituel.

En gros, Johanne de Montigny discerne trois grandes étapes dans le processus, «quoique certains auteurs dans le domaine parlent de quatre, cinq ou même sept étapes».

En premier lieu, quand la perte survient, il faut parler de LA DÉSTABILISATION ET LA DÉSORGANISATION.

La deuxième phase, centrale et souvent longue, serait UNE PÉRIODE LANGUISSANTE AU COURS DE LAQUELLE LES GENS ERRENT, SE CHERCHENT ET TENTENT DE RECONSTRUIRE LEUR VIE, voulant lui trouver un sens. Cette période s'accompagne, explique l'experte, d'une intense fatigue. Elle peut durer longtemps, car la personne est moralement et physiquement très affectée, comme vidée par le deuil et ne sait comment sortir de cet état.

Cette immense lassitude, la perte de toute motivation, l'errance psychique, font peur aux gens, qui craignent d'y rester englués : «On ne sait pas très bien où on s'en va, on est déstabilisé, tel un itinérant affectif.»

Dans un troisième temps, LA PÉRIODE dite DE RECONSTRUCTION ET DE RÉORGANISATION va enfin s'amorcer, et avec elle la reprise de la vie «normale», mais à présent une vie sans l'autre.

Pour ces trois âges du deuil, il n'existe pas selon elle de modèle typique, puisque chacun possède son bagage, son rythme et sa propre histoire. La façon dont l'endeuillé négociera ces étapes dépend de nombreux facteurs, dont la personnalité, l'âge, le soutien de ceux qui nous entourent ou son absence.

Facteur non négligeable, également, dans le cheminement, celui de savoir à quel stade nous étions dans notre vie, ce qui nous arrivait au moment où l'on a subi cette perte significative.

Par exemple, était-on en train de divorcer, de perdre un travail au moment de la perte? Dans quel état psychique aussi nous trouvions-nous au départ? Autant d'éléments déterminants.

Les textes consacrés à l'étude du deuil donnent un point de repère sur la durée du cheminement vers le mieux-être, explique

Johanne de Montigny, qui parle d'une année entière. Douze longs mois qui permettent de boucler une première boucle : « Il faut traverser des moments symboliques forts, lourds de sens, surmonter les premiers anniversaires, le premier Noël sans l'autre, le premier repas au restaurant sans l'autre, puis les premières vacances sans l'autre. »

Tous ces épisodes du quotidien qu'il faut apprendre à vivre autrement, comme autant d'étapes dans une course à obstacles.

Il ne faut cependant pas croire que la deuxième année suivant la disparition n'est pas ardue, car en un sens l'absence se fait plus pesante. « On s'ennuie plus encore de la personne qui nous a quittés, parce que cela fait plus longtemps qu'elle est absente. » Mais avec le temps, réparateur malgré nous, la douleur se fait en général un peu moins aiguë.

Un bon signe que les choses vont mieux est lorsque l'on se dit à soi-même, comme personne endeuillée, « le temps est de mon côté ». Une phrase, par contre, qu'il ne faut pas servir aux personnes en deuil, parce que, de l'expérience de Johanne de Montigny, celles-ci la reçoivent en général très mal, pensant qu'elle équivaut à leur demander de se résigner à l'oubli.

« Les gens ont peur d'oublier. Ils sont ainsi pris dans un dilemme, entre le désir de surmonter le deuil, et la peur de ne plus penser à l'autre. » La clef est de comprendre que l'on peut renouer avec la vie, le bonheur, sans trahir ni oublier le proche qui a disparu.

La bonne nouvelle, pour Johanne de Montigny, est que la plupart des personnes endeuillées finissent par apprivoiser le manque et soulager leur douleur, et ce, sans aucunement abandonner la richesse de leur lien avec le défunt. Dans les cas difficiles, un thérapeute peut donner un bon coup de pouce. « Depuis près d'un quart de siècle, je travaille dans ce domaine, à aider les gens endeuillés, et si je ne croyais pas que l'on puisse porter une assistance réelle, efficace, si je ne croyais pas aux ressources intérieures de la personne en deuil, j'aurais depuis longtemps lâché mon métier. »

« Le tout, dit-elle, est de ne pas se décourager, surtout dans les premiers temps, quand la tristesse nous submerge. Cela bien entendu si la perte en question est significative, ce qui n'est pas toujours le cas. Car, face à la mort de certains proches, il est possible parfois d'être d'emblée sereins, pour toutes sortes de raisons, à cause d'un cheminement personnel ou d'une paix inattendue qui fait surface. »

Mais dans la plupart des cas, les personnes en deuil passent par une phase de grande tristesse, de perte de motivation, de désorganisation, même, avec la crainte de devoir fonctionner autrement.

Cette désorganisation s'accompagne d'un amoindrissement temporaire de plusieurs facultés : « Dans cet état, le goût de lire se perd, par exemple, alors qu'autour de toi les gens te poussent à consulter tel ou tel ouvrage traitant du deuil. »

Difficile, car la personne affligée va lire et relire la même page, sans enregistrer vraiment le moindre mot. Pendant une période de quatre à six mois, en général, il est ainsi difficile de se concentrer. Sur le plan cognitif, explique Mme de Montigny, les gens sont comme gelés, un peu en état d'anesthésie psychique, de stupeur. Certains vont aussi être touchés dans leur corps, souffrant de manifestations physiques, de maux de tête, de dos, d'autres seront plutôt touchés dans l'affectif, ce qui se traduira par des crises de larmes, d'expression de la colère.

Un ensemble de signes, de manifestations, qui forment un syndrome, un état dont on se relève ordinairement, car très souvent, l'être humain possède un ressort extraordinaire et détient en lui la capacité de rebondir.

« Mais pour ce faire, il faut beaucoup d'efforts. Et de patience. Voilà pourquoi on l'appelle le travail du deuil. Parce que le deuil nous travaille et nous transperce, il s'agit inévitablement d'un travail et d'une percée tout à la fois. »

C'est quand il y a moins de larmes, quand la douleur s'estompe, que certains jours sont moins douloureux et que l'on recommence à sourire que l'on a un indice que la vie reprend le dessus. « Tout à coup, la vie vaut de nouveau la peine d'être vécue. »

SE RETROUVER, PARFOIS AVEC UN PEU D'AIDE

Certaines personnes, pourtant, restent prises dans un deuil sans fin dont elles ne peuvent s'extirper. Il peut s'agir, explique la thérapeute, d'individus qui ont eu des passés difficiles, qui sont fragiles psychologiquement, ou qui ont souffert de graves dépressions, de problèmes d'attachement et de détachement affectifs.

Pour ces individus plus « hypothéqués » au départ, le deuil est un traumatisme encore plus difficile à surmonter, surtout quand la personne disparue constituait le pivot de leur existence fragilisée. « Si les gens investissent l'autre de façon telle que leur propre existence n'a de sens que par rapport à lui, que celui-ci définit notre identité, alors la mort signifie non seulement la perte de quelqu'un d'aimé, mais aussi, dans une certaine mesure, la perte de nous-mêmes. » Et dans ce cas, le cheminement peut-être long, car il faut retrouver cette partie de soi perdue.

Pour ces personnes prises dans les mailles d'un deuil particulièrement ardu, aller chercher de l'aide s'impose. Une démarche qui demande un véritable effort, explique la thérapeute, car la tendance naturelle de la personne endeuillée est de se replier sur sa douleur.

Mais les bienfaits de partager ce que l'on ressent avec d'autres, par exemple dans un groupe constitué de personnes endeuillées, s'imposent très vite à ceux qui tendent la main : « On va voir que l'on n'est pas seul et, à force d'écouter les histoires des autres, on se trouve moins anormal. On se dit : « Je peux partager avec quelqu'un qui vit la même chose que moi et je ne me sens pas isolé chez moi . »

Pour certains patients, ceux que Johanne de Montigny et ses collègues accueillent dans leur cabinet, il faut l'aide d'un psychologue ou d'une autre personne spécialisée dans l'accompagnement des endeuillés. Un besoin d'autant plus criant que la société moderne laisse bien peu de place à l'expression de la détresse individuelle, comme l'a maintes fois constaté la psychologue. « Manque d'écoute, et puis manque de temps, car les gens peuvent difficilement prendre de nombreux jours de congé pour se remettre d'un deuil. » Surtout que, dans bien des cas, la perte s'accompagne d'un stress financier qui oblige l'endeuillé à reprendre le travail plus tôt qu'il ne l'aurait fallu, vu la grande fatigue qui s'abat en général après la perte : « On est drainé autant physiquement que moralement. »

Parfois, pourtant, partager sa douleur avec d'autres est trop pénible : « Certaines personnes ne parviennent pas à s'identifier à ce que l'autre vit et ne peuvent elles-mêmes témoigner de leur propre histoire, un domaine pour elles trop intime. » La consultation individuelle alors prévaut.

La foi peut jouer un rôle dans la résolution du deuil, mais il ne s'agit pas d'une règle absolue. Croire en une force suprême peut être un soutien, mais pas pour tous. Johanne de Montigny précise qu'elle englobe bien des aspects de la spiritualité dans cette conception de la foi, qui n'est pas toujours religieuse, mais peut aussi se nommer foi en l'humanité, en la vie, par exemple. «On peut penser à une foi en soi, en l'humain, une sorte d'espérance, coûte que coûte, qui n'est pas toujours axée sur Dieu, mais sur la spiritualité ou sur des phénomènes de force psychologique qui font que, quoi qu'il nous arrive, on a l'impression qu'on va s'en sortir.» Une sorte de force, d'optimisme qui étaye notre résistance à l'heure du drame. Comme un tuteur soutient la plante face à l'orage.

Johanne de Montigny peut détecter assez rapidement si un individu aura du mal ou non à s'en sortir, «si la personne m'explique que c'est la troisième fois qu'elle subit une perte en deux ans, qu'elle a connu quatre dépressions, qu'elle traverse actuellement une période infiniment difficile sur le plan financier, qu'elle et le disparu étaient dans une relation conflictuelle, là, j'ai des signaux d'alerte».

Et si quelqu'un lui dit qu'il a été suicidaire, lui exprime qu'il ne voit pas l'intérêt de vivre sans le disparu, alors elle voit des drapeaux rouges se dresser, et sait que la personne devra être suivie de façon urgente et continue.

COMMENT RETROUVER SON INTÉGRITÉ APRÈS UN DEUIL?

La reconstruction est un processus qui varie en durée, et en capacité personnelle, selon la thérapeute. Parfois, le potentiel est là, mais la personne n'est pas en contact avec cette énergie qui dort au fond d'elle-même. «L'idée est de faire confiance à cette force qui nous attend. Mais quand va-t-on y arriver? Et comment va-t-on y arriver? Telles sont les questions.»

Une route pleine d'embûches, de détours, confirme-t-elle, mais que de la détermination, du courage, de la volonté, et aussi la capacité de vivre de grands paradoxes aideront à parcourir. Un grand paradoxe en effet que celui du deuil, selon elle, qui nous force à vivre des émotions très fortes et très contradictoires, comme avoir envie de pleurer et de rire aux éclats, d'être seul et entouré. Le deuil, c'est avant tout des désirs contraires qui s'annulent, des émotions en dents de scie.

Être écouté aide à se reconstruire, car l'endeuillé veut parler du disparu, le faire revivre par le truchement des mots. Johanne de Montigny parle, entre autres, de ce veuf qui cheminait assez bien dans sa perte, mais qui a continué à la consulter pendant toute une année, simplement pour pouvoir lui parler de sa femme.

Cet homme prononçait le prénom de sa défunte épouse plus ou moins quinze fois par séance, se souvient la thérapeute. « Il avait soixante-quinze ans et son deuil n'était pas du tout pathologique, mais il lui fallait évoquer cette femme avec laquelle il avait partagé un demi-siècle, il voulait lui redonner vie par la parole. » D'ailleurs, l'homme esseulé tenait un journal durant la période précédant et suivant la mort, écrivant tous les jours à cette épouse, et « c'est ainsi qu'il s'en est sorti, avec beaucoup de sagesse ».

Les psychologues sont là pour accepter cette répétition nécessaire, qui, infligée à notre entourage, l'épuiserait à la longue.

Dans le processus de guérison, il ne faut pas non plus sous-estimer l'importance des rituels, des commémorations aux dates anniversaires du décès. Attachée à un service de soins palliatifs, Johanne de Montigny explique par exemple qu'un service commémoratif a lieu deux mois après la mort d'un patient, puis au bout d'une année : « Nous inscrivons aussi le nom du défunt dans un grand livre.» Car ce qui blesse l'entourage du disparu, c'est aussi le manque d'attention, l'indifférence, l'oubli apparent.

TENDRE L'OREILLE

Pour soutenir un proche, un ami, un collègue dans le deuil, elle conseille certains gestes simples. Surtout, ne pas chercher à banaliser la perte. Offrir la présence et l'écoute est très souvent suffisant.

Et communiquer à la personne endeuillée que ce qu'elle ressent n'est pas anormal. «Il n'y a pas de règle, les gens qui ont moins de chagrin ont peur d'être anormaux, mais toutes les variables sont valables, y compris celle de vivre le deuil avec sérénité.» Il ne faut pas avoir honte, ni peur du jugement des autres. Mais plutôt suivre son chemin individuel vers le retour à la vie, la vie entière.

© Shayna Hodgson

DOCTEUR HENRY MORGENTALER
QUAND UNE CAUSE VOUS REND INDESTRUCTIBLE

LA LUTTE D'UNE VIE

« Car les hommes ne trouvent d'honneur et de prix à vivre que s'ils vouent leurs actes et leurs pensées à quelque grande entreprise avec laquelle ils puissent se confondre. »

- Maurice Druon, *Quand un roi perd la France*
Les Rois maudits

Pourquoi certains individus font-ils le choix de consacrer leur existence à une cause qui va faire en sorte que chacun de leur jour sera un combat, sous une forme ou une autre, que leur quotidien se verra entièrement bouleversé par ce choix? Qu'ils ne seront perçus que par le prisme de leur lutte? Que la société se dressera contre eux, et qu'ils devront affronter hostilité, mépris, violence parfois, au risque de mettre leur vie et celle de ceux qu'ils aiment en danger?

Parle-t-on ici d'idéalisme, ou de pur besoin d'action? Ou encore de la volonté de s'opposer aux forces dominantes? Pour ces personnes, ne peut-il être question d'accomplir son destin d'être humain sans se réaliser dans un idéal choisi, identifié? Ou est-ce plutôt que dans leur culture familiale et dans leur nature profonde, tout les pousse à sacrifier un bonheur individuel, une quiétude, pour embrasser une lutte à finir ?

De telles questions s'imposent à celui qui rencontre Henry Morgentaler et l'écoute raconter calmement et sobrement son histoire, celle d'une vie de lutte.

Ce médecin d'origine polonaise, installé au Canada depuis les années 50, rendu célèbre, tristement diront certains, glorieusement pour d'autres, par son combat pour la légalisation de l'avortement, mais aussi survivant de l'holocauste, appartient sans ambiguïté à une race d'hommes un peu différente des autres. Ceux qui ont choisi de subordonner leur existence même à une cause fondamentale à leurs yeux.

Honni de la majorité des gens pendant des décennies, poursuivi, jugé, emprisonné, menacé dans son intégrité physique à maintes reprises, le docteur Morgentaler a emprunté la plus ardue des routes pour se réaliser. Après vingt ans de tensions, d'affrontements au quotidien, il a cependant eu le bonheur de voir son travail acharné couronné de succès par un jugement de la Cour suprême du Canada, en 1988, qui a décriminalisé l'interruption de grossesse pour toutes les Canadiennes. Un combat gagné de haute lutte, mais au prix d'une existence anormale, du moins à l'échelle du commun des mortels.

Aujourd'hui, à quatre-vingt-six ans, Henry Morgentaler n'a aucun regret. L'homme est frêle, sa santé, qu'il sait usée par le stress de ses années de lutte, est fragile. Mais il ne peut ni ne veut imaginer une seule seconde refaire le chemin de sa vie autrement, choisir une voie moins escarpée. Et quand il se raconte, le bien-fondé de sa cause et son sentiment du devoir accompli reviennent sans cesse comme une incantation.

Le médecin se félicite du fait que les Canadiennes dans leur ensemble puissent avorter dans de bonnes conditions, humaines et médicales : «Il n'y a plus de femmes qui meurent d'avortements mal faits.» Ce qui fait, dit-il, une différence extraordinaire pour la société en général, et pas seulement pour les femmes, mais pour tout leur entourage, parce que si les femmes souffrent, les enfants souffrent, les conjoints souffrent et ainsi de suite...

Au bout de vingt ans de batailles au quotidien et de péripéties face aux tribunaux, c'est presque d'un jour à l'autre qu'il a remporté sa bataille, le jour en fait de la décision de la Cour suprême du Canada.

Dans son français impeccable, il admet cependant avoir souffert pendant des années, et toute sa famille avec lui. «Ah oui, sans doute cela a été un long combat, il n'y a pas de doute...»

Pourquoi décider de faire de la cause des femmes et de leur droit de contrôler leur propre corps son combat? «Ce choix relève, dit-il, de facteurs très personnels. J'ai moi-même été victime d'injustices pendant la guerre, j'ai vécu l'horreur quand j'étais emprisonné dans les camps de concentration allemands, alors, quand j'ai finalement eu la possibilité de faire quelque chose contre l'injustice, dans ce qui me paraissait comme un combat très valable, et comme j'étais médecin et que j'avais des connaissances dans le domaine, je me suis lancé pour corriger ce qui, à mes yeux, était également une grande injustice.»

LA SOUFFRANCE QUI PRÉPARE AU COMBAT

Henry Morgentaler, né en 1923 à Lodz, en Pologne, de parents juifs socialistes très engagés, compte parmi les grandes victimes de l'Allemagne nazie. Non seulement la guerre lui a enlevé une sœur et ses deux parents, mais elle a enfermé sa jeunesse dans le pire des camps, celui d'Auschwitz, qui a bien failli lui être fatal.

« Quand la guerre a éclaté, j'avais seize ans. Ce fut une période très sombre pour moi, très difficile. » Le docteur se rappelle, le regard lointain, et choisit des mots pleins de retenue, presque des euphémismes, pour décrire ces années d'horreur. « Mon père a été arrêté par la Gestapo, l'administration chargée de la chasse aux ennemis de l'État. Il a finalement disparu après quelques mois. Plus de nouvelles, plus rien. » D'après le peu d'informations que ses proches ont pu glaner à l'époque, ce père qui avait contre lui son appartenance juive, mais aussi son engagement politique, a dû mourir fusillé. « Ces gens qui nous terrorisaient avaient le pouvoir de tout faire. »

Henry Morgentaler parle ensuite de la mort de sa sœur aînée, qui a été un temps enfermée dans le ghetto de Varsovie : « Lorsque les Allemands ont décidé de vider le camp, elle a été évacuée avec tous les habitants. » Après un lourd silence, il ajoute : « Dans la campagne, ils ont tué presque tous les juifs du ghetto. Elle, par contre, est morte dans un camp de concentration, peu de temps après. »

La mère du jeune Morgentaler, quant à elle, a été arrêtée par les Allemands dans sa ville natale, où l'envahisseur avait établi un ghetto destiné aux juifs. Elle allait être déportée, et ainsi disparaître dans la foule anonyme des victimes des camps de la mort : « Elle a perdu la vie dans la chambre à gaz, à Auschwitz. » Auschwitz, où, faut-il le rappeler, plus d'un million d'individus, hommes, femmes et enfants, ont péri pendant la guerre. Quatre-vingt-dix pour cent étaient juifs.

Le jeune homme, désormais orphelin, a de son côté dans un premier temps été interné dans le ghetto local de sa ville, où seuls les juifs pouvaient résider. Dans cette ville industrielle, les Allemands avaient mis les juifs au travail pour produire toute une série de matériaux nécessaires à l'effort de guerre : « Nous produisions du papier et des tas d'autres denrées. Je sais maintenant que la seule raison pour laquelle nous avons survécu aussi longtemps est parce que le travail du ghetto, notre sueur, était très utile à l'économie allemande. »

Le jeune Henry Morgentaler travaillera alors dans une usine de papier, puis dans une aciérie. Mais auparavant, il assurera un temps un rôle étrange, presque incongru, celui que l'ennemi nommait, sans doute avec une froide ironie, « protecteur de la jeunesse ». Un travail que le survivant décrit comme celui d'une sorte d'enseignant substitut, chargé du tutorat après le départ des professeurs habituels. « J'ai été adopté comme professeur dans l'école que je fréquentais avant, parce qu'il n'y avait pas beaucoup de gens qui étaient capables d'enseigner des rudiments de connaissances aux enfants. »

Une tâche qui tournera court quand les Allemands fermeront brutalement les écoles pour évacuer les jeunes enfants vers les camps d'extermination.

Puis finalement, c'est le ghetto tout entier qui a été complètement liquidé, « et on nous a envoyés à Auschwitz ». Dans cette sinistre expédition dont Henry Morgentaler garde le brûlant souvenir, il était accompagné de son jeune frère, alors âgé de dix-sept ans. Une présence qui s'est avérée salvatrice : « C'est lui qui m'a aidé à survivre, car il était plus jeune, et avait donc droit à un peu plus de nourriture que les autres. » Pour rester dans le quartier des adultes au travail avec Henry, ce frère avait menti sur son âge à l'officier allemand responsable du tri des prisonniers, dès l'arrivée au camp : « Il a dit qu'il avait dix-neuf ans et a ainsi pu rester du côté des gens qui accomplissaient les gros travaux. »

Une soupe en plus ou quelques patates, quelques pauvres calories, mais un véritable luxe, dans le contexte, que le jeune frère partageait avec Henry, ont sans doute fait la différence entre la vie et la mort, car elles leur permettaient de continuer à travailler, et de se montrer utiles à leurs bourreaux.

«Auschwitz était terrible, nous nous savions condamnés à plus ou moins brève échéance», laisse froidement tomber le docteur. Il raconte que, contre toute attente, alors qu'autour d'eux tant d'autres succombaient, victimes de mauvais traitements ou simplement envoyés à la chambre à gaz, son frère a pu survivre à la guerre. Il s'est éteint paisiblement, il y a maintenant une dizaine d'années.

Henry et son frère ont ainsi passé plusieurs années dans des conditions effroyables, voyant les rangs de leurs compagnons de camp se décimer.

«Nous avons ensuite été transférés dans un camp de travail, en Allemagne, où on bâtissait une sorte d'abri contre les attaques aériennes.» Là encore, c'était inhumain : «Nous nous levions à cinq heures, cinq heures et demie, et il fallait travailler sans relâche jusqu'à sept heures du soir. Ensuite, nous rentrions au camp, où nous recevions une soupe et un petit quignon de pain.» Il était, ajoute-t-il, très difficile de survivre dans ce camp-là. La vie y était tout aussi précaire qu'à Auschwitz, surtout à cause des privations. Tous les jours, des gens manquaient à l'appel. «Mais la jeunesse de mon frère, le fait qu'il soit "organisé", comme on disait dans le jargon du camp, nous ont sauvés. Il nous "organisait" des pelures de patates additionnelles, un peu de soupe, et tout cela nous aidait à survivre.»

C'est dans ces conditions que les deux frères ont tenu bon jusqu'à la libération. Meurtris, orphelins, marqués par la souffrance, mais jeunes et en vie. Déterminés à tourner la page, sans pour autant oublier. Le jeune homme devait maintenant choisir sa voie. Lauréat d'une bourse des Nations Unies destinée aux survivants de l'holocauste, il décide alors de poser sa candidature en Allemagne pour suivre des études de médecine. « J'ai été accepté et j'ai effectué ma première année d'université en Allemagne. » Mais il ne devait pas demeurer dans ce pays : « J'ai franchi illégalement la frontière avec la Belgique, y ai passé une nouvelle série d'examens pour entrer en médecine, et ai été admis à l'université de Bruxelles. »

C'est au cours de ces années-là que Henry Morgentaler rencontre sa première femme. Tous deux choisiront d'émigrer vers un nouveau continent. « Le Canada était un pays neuf, avec une bonne réputation, déjà, à cette époque-là. » Une cousine déjà établie dans le pays avait tout organisé pour faciliter leur venue, les papiers, les formalités, ouvrant la porte à l'installation du jeune couple à Montréal. « Arrivé en 1950, j'ai ensuite été accepté, bien qu'avec difficulté, à l'Université de Montréal. » Henry Morgentaler sourit, se caresse la barbe, se rappelant sa jeunesse. C'est là, au Québec, qu'il allait terminer sa médecine, avant de pratiquer comme médecin généraliste.

« Je me suis lancé dans la médecine parce que mon devoir, c'était d'aider les gens, de mettre à profit mes connaissances. »

L'ENGAGEMENT, UNE CULTURE FAMILIALE

Henry Morgentaler, de par sa culture familiale, était clairement déterminé à mener une vie d'engagement social. Avant que la guerre ne fasse éclater la bulle familiale, et lui prenne sa sœur et ses deux parents, il a baigné pendant ses années les plus formatrices dans un milieu où le militantisme et l'action étaient le lot quotidien.

Évoquant cette famille aimante, mais clairement articulée autour de valeurs phares, le médecin rend grâce à ses racines.

« Mes parents étaient socialistes. Ils le sont devenus à une époque où ce n'était pas chose facile, car le gouvernement les pourchassait et cherchait à les éliminer. » Son père était l'un des dirigeants du Parti socialiste juif en Pologne. « C'était un grand syndicaliste, dit-il, l'admiration dans la voix, il était le secrétaire général d'un syndicat de travailleurs du textile, la plus grosse industrie de sa ville natale. »

Sa mère militait également dans ce même Parti socialiste. Cette artiste dans l'âme appartenait à un groupe de femmes qui avaient créé une chorale au sein de laquelle elle chantait, très bien d'ailleurs, comme le souligne avec nostalgie le médecin. Il explique avoir été élevé dans cette famille où l'on prônait l'idéalisme : « Mes parents étaient persuadés qu'il fallait travailler pour que la société soit meilleure, plus juste, et ces idées-là, évidemment, ont eu beaucoup d'influence sur moi. » Adulte, il a reproduit cette quête d'idéal, et dès qu'il en a eu la possibilité, il s'est jeté dans un combat relatif à la défense des droits de la personne, ceux des femmes en l'occurrence. Quand il regarde par-dessus son épaule, le médecin voit clairement l'ombre des parents derrière l'homme qu'il est devenu. Le chemin qu'ils avaient tracé pour lui était nettement défini. « Leur vie était vouée à une cause, et finalement j'ai suivi leurs traces en épousant une lutte dangereuse, mais humanitaire à mes yeux. Il était presque inévitable que je prenne ce chemin-là, bien que, longtemps, mes activités aient été illégales et que j'ai risqué gros. »

VINGT ANS DE LUTTE

Au fil des ans, certains opposants à la cause du docteur Morgentaler l'ont accusé d'avoir choisi le métier d'avorteur par intérêt pécuniaire. Difficile à concevoir, quand on pense aux obstacles qui se sont dressés devant lui à la suite de ce choix, lui qui aurait pu opter pour une pratique ordinaire et lucrative.

« Dès l'instant où je me suis lancé, j'ai su que cela allait être terriblement difficile, que ma vie tout entière serait happée par ce combat. »

Henry Morgentaler précise d'ailleurs que c'est graduellement, alors qu'il exerçait son métier de médecin, qu'il en est venu à faire ce choix de vie.

« Il a fallu du temps, cela n'a pas été une décision soudaine, que celle de mener cette lutte, mais l'idée a germé, s'est plutôt développée tranquillement d'une chose à l'autre, pour enfin s'imposer à moi. Je me suis lancé, et je me suis somme toute trouvé tout seul, seul dans ce combat, malgré le soutient de nombreuses personnes. Mais seul, dans le sens de risquer beaucoup. »

Il avait bien entendu constaté les conditions horribles dans lesquelles les femmes qui bravaient la loi de l'époque avortaient : « En fait, pour les femmes, l'avortement était souvent un arrêt de mort, car on ne leur permettait pas de subir cette intervention dans de bonnes conditions. » Alors, elles étaient obligées de confier leur destin aux mains de charlatans ou de gens incompétents, au risque d'y laisser leur vie ou leur santé.

Déjà, bien des années avant qu'il ne commence à pratiquer les interruptions de grossesse, un incident avait éveillé sa conscience à cette injustice faite aux femmes : « Ma première épouse a été obligée d'avorter, alors que j'étais encore étudiant à l'Université de Montréal. Ce fut un événement extrêmement pénible. » Et elle n'était pas la seule, cette déplorable situation d'illégalité était généralisée, dans une société encore fermement inféodée à la religion.

Henry Morgentaler, lui, n'était nullement trempé de cette culture qui donnait toute la place au dogme et à l'obéissance à Dieu : « J'ai été élevé sans religion, avec l'idée de l'humanisme en général, de la fraternité entre tous les hommes et toutes les femmes. » Lui ne se sentait nullement assujetti à des lois qu'il jugeait injustes, néfastes, comme celles qui criminalisaient l'avortement. « Je me suis lancé, pour faire tout ce que je pouvais afin de corriger la situation, et ce n'était pas facile, parce que les attitudes étaient très ancrées. Il y avait le pouvoir de l'État qui pouvait vous écraser et aussi et peut-être surtout celui de la religion. »

Dans la société dans laquelle il vivait subsistaient alors, dit-il, des injustices flagrantes, « et personne ne voulait livrer cette bataille, parce que l'idée que le contrôle des naissances et *a fortiori* l'avortement étaient un péché était enracinée très profondément. »

Pendant des années, le docteur Morgentaler a alors pratiqué très illégalement des avortements dans son cabinet, sachant très bien les risques qu'il encourait. « Je prenais des risques extraordinaires, parce que la peine qui me menaçait était l'emprisonnement à vie. Sans parler de l'immense hostilité dirigée contre moi. »

EMPRISONNÉ ET MENACÉ

En repensant aux moments les plus pénibles de ce parcours vers la libéralisation de l'interruption volontaire de grossesse, le médecin évoque l'acharnement des tribunaux contre sa personne.

Ces vingt années qui ont précédé le fameux jugement de la Cour suprême sur la question de l'avortement ont été marquées par plusieurs poursuites, au Québec tout d'abord, puis en Ontario. Une période de confrontation intense avec le système, qui a culminé dans sa mémoire avec son emprisonnement de plusieurs mois : « Le plus difficile, c'est quand je me suis retrouvé derrière les barreaux, avec le tout venant des contrevenants, dans l'un des procès contre moi. J'ai été reconnu coupable d'avoir enfreint le Code criminel, ce qui m'a valu une sentence de 18 mois de prison.» Henry Morgentaler n'a pas purgé l'intégralité de sa peine, mais une bonne partie, tout de même. Car, souligne-t-il avec un sourire amer, alors que dans la plupart des cas, on libère le condamné lorsqu'il a effectué le tiers de sa peine, même dans le cas de crimes graves, lui n'a pas bénéficié d'une telle clémence. La société, qu'incarnait le bras de la Justice de l'époque, voulait envoyer un message fort.

De ses mois de détention, il conserve avant tout le souvenir de l'humiliation, mais aussi de l'ennui et de la frustration d'être réduit à l'impuissance. «Pour quelqu'un comme moi c'était difficile, car cela signifiait être privé de votre milieu ordinaire et de vos activités.» En prison, souligne-t-il, on ne vous permet pas de travailler, vous êtes pris avec des gens peu recommandables, des criminels, des personnages louches qui ne comprennent pas beaucoup de choses, souvent d'intelligence moindre que celle de la population ordinaire. «Alors, il fallait s'ajuster, il fallait s'adapter, et c'est ce que j'ai fait, car il n'y avait pas d'autre moyen de s'en sortir. Finalement, j'ai réussi à survivre à cela.»

Cette peine le ramenait bien loin en arrière, à ses années de guerre et d'internement, d'abord dans le ghetto, puis en camp de concentration : «Ce n'était pas la première fois qu'on me privait de ma liberté et que j'étais aux prises avec des conditions difficiles. Ces années de guerre m'ont, je pense, donné la force pour poursuivre ma lutte pour le droit à l'avortement.»

La guerre, les camps, l'oppression, qui avaient forgé sa détermination à consacrer sa vie à lutter contre l'injustice. En l'emprisonnant, et sans le savoir, le Canada ne faisait en fait que conforter Henry Morgentaler dans ses choix.

Le médecin a subi trois procès, et a ainsi passé de longues années à défendre sa cause devant les tribunaux, dans l'œil du public et des médias. Audiences, comparutions, conférences de presse, justifications répétées. Si la prison constitue un souvenir particulièrement pénible, Henry Morgentaler évoque aussi avec difficulté tout le stress ressenti, pour lui et sa famille, à cause de la haine que son combat avait fait naître chez les groupes pro-vie, dont une frange extrêmement fanatique qui ne reculait devant rien. Devant rien, même pas le projet de poser des gestes irrémédiables.

Le docteur Morgentaler a en effet été la cible de plusieurs attentats, sans compter les dizaines, les centaines de fois peut-être où il a essuyé des insultes devant ses cliniques. Il revoit ces manifestants aux visages hostiles criant des mots injurieux, exhibant des photos en couleur de fœtus morts. Parfois, il s'agissait de simples gestes de mépris, comme lors de ce congrès à Edmonton : « Un gars s'est approché et a jeté du ketchup sur moi. » Le médecin, par contre, n'évoque pas l'incident bien plus inquiétant du 15 juin 1983 à Toronto où un homme armé d'un sécateur s'est rué sur lui. Il a heureusement été rapidement maîtrisé par la police et sera mis en accusation pour voies de fait.

Henry Morgentaler connaissait la peur de se faire abattre, un sentiment qui n'avait rien de chimérique, car plusieurs de ses collègues, aux États-Unis surtout, avaient payé de leur vie leur vocation professionnelle. Au cours des années 1990, en effet, plusieurs médecins pratiquant des avortements ont été victimes de tentatives de meurtre : le Dr Garson Romalis, de Vancouver, le 8 novembre 1994 ; le Dr Hugh Short, d'Ancaster, en Ontario, le 10 novembre 1995 ; le Dr Jack Fainman, de Winnipeg, le 11 novembre 1997, par exemple.

Une réalité qu'il ne pouvait ignorer et qui se rapprochait dangereusement. « À Vancouver, un de mes collègues et ami a été blessé deux fois dans des attentats. Je ne pouvais pas ne pas y penser. Heureusement, il a survécu et a pratiqué des avortements jusqu'en 1995 ».

Au quotidien, c'était aussi les appels téléphoniques insultants ou carrément menaçants, contre lui, mais aussi contre sa famille.

Et puis, encore très frais dans sa mémoire, l'attentat qui a réduit à néant sa clinique torontoise de Harbord Street, le 18 mai 1992. Peu avant le lever du soleil, un incendie se déclenche et détruit les locaux. L'explosion pulvérise la façade, propulsant des débris dans le voisinage. Le ou les responsables ne seront jamais inquiétés. Le feu a été causé par une explosion, probablement due à une bombe, laisse alors entendre le directeur du service des incendies. Cette même clinique avait déjà été la cible d'un geste incendiaire en 1983. Au lendemain de l'attentat, le docteur Morgentaler jugera bon de reconstruire la clinique, ce qu'il fera en effet, dans un autre quartier et avec des mesures de sécurité accrues, en partie grâce à des fonds du gouvernement néo-démocrate de l'époque. En activité depuis 1983, la clinique détruite en 1992 est la première clinique d'avortement à avoir vu le jour en Ontario.

En août 1991, on tente de mettre le feu à sa clinique d'Edmonton, puis une autre attaque de même nature cause des dégâts mineurs en 1996.

Revoyant le film de cette époque, Henry Morgentaler parle de son idéalisme face à la haine : « J'étais un peu naïf et cela a dû m'aider à continuer. Cette lutte, c'était mon combat personnel, il fallait que je résiste. Je savais qu'il y avait contre moi des forces considérables : l'État avec ses lois, la police, et puis tous ceux qui étaient contre la libéralisation de l'avortement, certains très fanatiques… »

Une tension qui pesait sur sa relation matrimoniale : « C'était très difficile parce que nous vivions dans une ambiance de menace constante. Ma femme le savait, elle savait que c'était illégal et que je risquais d'écoper d'une sentence de plusieurs années d'emprisonnement. Elle a trouvé cela très dur. »

Mais il ne pouvait pas faire grand-chose pour éviter les manifestations de haine qui allaient à cette époque de pair avec son rôle de porte-parole du mouvement pour l'avortement libre : « Je devais accepter cela comme une chose contre laquelle je ne pouvais rien faire, sauf prendre des mesures de sécurité. »

C'est pourquoi, pendant longtemps, les cliniques du docteur Morgentaler ont ressemblé à des forteresses et leur personnel à une petite armée d'assiégés. Caméras, services de sécurité tentaient tant bien que mal de donner aux médecins et aux infirmières, mais aussi aux patientes qui entraient, souvent en catimini et la tête baissée, un semblant de sentiment de sécurité.

LAISSER TOMBER ?

« J'ai eu la tentation d'abandonner le combat à plusieurs reprises, mais je ne l'ai jamais fait. » Au plus fort des années d'hostilité, quand toute la société, ou presque, le conspuait, la tentation de choisir une vie plus tranquille, une pratique bien sage et conventionnelle a été grande à maintes reprises. Les pressions en ce sens étaient fortes. Mais toujours, la cause et son bien-fondé s'imposaient au médecin. « J'étais dévoué à cette cause-là, je savais qu'elle était très bonne, humanitaire, faite pour aider les femmes dans leur bien-être et leur permettre d'avoir des enfants plus tard, tout cela continuait à m'inspirer. »

Au-delà des poursuites et de la peur, le sentiment de la haine demeurait le plus pesant. Savoir que l'on incarne le mal absolu aux yeux de millions de gens peut s'avérer usant : « C'était en effet dur à supporter, car je suis un homme très sensible, et faire ainsi face tous les jours, pendant des années, à une hostilité non méritée me minait. » Il s'est souvent senti très las d'être la cible de toutes ces insultes, de ces lettres odieuses, de devoir franchir les lignes de piquetage sous les quolibets, de voir ses collègues aussi harcelés.

Un mot sur le rôle des médias au cours de ces longues années précédant la décision de la Cour suprême de décriminaliser l'interruption volontaire de grossesse. Alors qu'il tentait de communiquer son message, de sensibiliser la société à la nécessité d'évoluer sur la question du droit des femmes de contrôler leur corps, il recevait un accueil mitigé des journalistes : « Le traitement qu'on me réservait était très variable. Il y avait des gens dans les médias qui prenaient parti contre ce que je faisais, contre l'idée que les femmes avaient droit à l'avortement dans de bonnes conditions, mais il y en avait d'autres qui étaient carrément hostiles, le plus grand nombre en fait. » Car beaucoup de journalistes dénonçaient l'aspect illégal de ses activités. « Et le réflexe pour les gens est qu'il faut obéir à la loi, sinon ce sera la débandade, l'anarchie, le chaos. Il fallait que je sois assez fort pour résister non seulement à une opinion publique hostile, mais à des gens qui étaient de leur côté et dénonçaient mon travail comme une chose terrible. »

Toute cette négativité enfermait sa vie sous une chape de plomb. Mais la force de la cause des femmes n'a jamais cessé de le conforter dans ses choix et de lui donner l'énergie de continuer. Et puis, au fil des ans, il a perfectionné ses méthodes de soins, une autre source de satisfaction. L'interruption de grossesse est devenue de moins en moins pénible, de plus en plus sécuritaire, pour ses patientes.

Des patientes dont la gratitude constituait un baume. Henry Morgentaler puisait en elles aussi la force de continuer à pratiquer.

« Elles savaient que nous travaillions dans des conditions de grand stress et qu'il y avait beaucoup d'opposition et de menaces contre nous tous. Elles nous en savaient gré. Et avec toute femme que j'aidais, je gagnais une victoire morale. »

Et puis, le médecin a quand même reçu de grands appuis dans la société et dans la classe politique, mais de la part d'une minorité. « Au fond, j'étais au milieu d'un ouragan, dans l'œil du cyclone, et il fallait s'y habituer… »

Faut-il posséder une étoffe bien particulière pour être ainsi capable d'affronter les obstacles, de résister pendant des années aux pressions, à la haine ?

« C'est difficile à expliquer », déclare le médecin. Sa vie s'est déroulée dans tout un ensemble de conditions bien particulières, mais le vecteur principal lui vient de ses parents, le fait qu'il ait grandi dans une famille où on prônait l'amour du prochain et l'idéalisme, « dans le sens qu'il fallait faire tout ce que l'on pouvait pour améliorer la société. Donc, quand on trouvait quelque chose qui ne marchait pas, où il y avait oppression ou injustice, c'était un vrai devoir de faire quelque chose pour y remédier ».

Et s'il devait refaire ce long et sinueux parcours ? « Je pense que mon passé et mes principes parlent pour moi. Même si j'avoue avoir vécu très difficilement certaines périodes. » D'un point de vue moral, il se dit très fier de sa carrière et de son engagement, « mais il est vrai que j'ai mis les gens autour de moi en danger. C'était le prix à payer ».

Autre prix à payer : celui de sa santé, qui était sans doute déjà fragilisée par les longues années de mauvais traitements dans les camps. Le docteur Morgentaler, qui a souffert de problèmes car-diaques au cours des dernières années, sait que toute la tension vécue au quotidien, l'inquiétude pour sa famille, ses collègues et pour sa propre personne l'ont rongé d'une manière irréversible.

LE VIDE APRÈS LE COMBAT

Henry Morgentaler a reçu l'Ordre du Canada en 2008, l'une des plus hautes distinctions de son pays d'adoption. Si ce geste est aujourd'hui généralement bien perçu, il a tout de même réveillé l'hostilité qui sommeillait chez certains pro-vie, et non des moindres. Jean-Claude Turcotte, archevêque de Montréal, a par exemple choisi de renvoyer sa propre médaille pour protester contre la décision d'honorer quelqu'un qui, aux yeux de l'Église, est très loin d'incarner le bien.

Mais dans l'ensemble, Henry Morgentaler pense que son œuvre est achevée. Et à l'heure de la vieillesse, Henry Morgentaler peut aujourd'hui déposer les armes : « Je pense que la lutte pour le droit à l'avortement a été gagnée, somme toute. »

Il juge que quelques poches de résistance subsistent encore, comme dans la province du Nouveau-Brunswick, où les femmes, dit-il, ne jouissent pas des mêmes droits en la matière que celles de toutes les autres provinces du Canada. « Le gouvernement du Nouveau-Brunswick est très réfractaire, hostile à l'avortement et cela ne s'applique pas seulement aux conservateurs qui étaient au pouvoir avant, mais aussi aux libéraux qui gouvernent aujourd'hui. » Pour le reste du Canada, la bataille est dans les faits gagnée depuis vingt et un ans maintenant.

Aujourd'hui, le Canada compte cinq cliniques Morgentaler en activité. Trois autres ont fermé leurs portes. Le docteur Morgentaler dit avoir formé au moins une centaine de médecins au cours de sa carrière. Fier de son œuvre, Henry Morgentaler confesse être soulagé de ne plus avoir à livrer bataille et de pouvoir enfin se consacrer aux siens.

Cet homme dont l'existence, depuis la tendre enfance, a été placée sous le signe de la lutte, se trouve maintenant devant une sorte de vide existentiel. Il n'a plus de combat à mener. « Il est vrai que je ressens ce vide, quelquefois. Mais à mon âge, on peut se contenter de la satisfaction du devoir accompli. »

Lui qui a dû essuyer tant de marques de haine ne se dit pourtant nullement désabusé au sujet de la nature humaine : « Je crois en général que l'être humain est bon, avec des exceptions, malheureusement, des gens qui retiennent en eux beaucoup d'hostilité et cette hostilité se manifeste en attaques contre d'autres individus. La société est complexe, et c'est ainsi. »

Il porte aussi un regard assez tendre sur son pays d'accueil : « Le Canada est un bon pays en général, que je ne regrette pas d'avoir choisi pour m'établir. »

À VOUS, « SUJETS » DE CE LIVRE

Traverser ces sept histoires individuelles à mon sens exemplaires et représentatives de l'adaptabilité humaine face aux événements de la vie a constitué pour moi une expérience extraordinaire, un véritable cadeau.

Grâce à la générosité de chacun d'entre vous, qui m'avez prêté votre parcours, votre passé comme votre présent et l'espoir de votre avenir, j'ai pu toucher un peu plus à l'humanité profonde, à la résilience, à la solidarité, à la force du désir de bonheur et d'équilibre que nous portons en chacun de nous.

Dans la guerre, au fond du deuil, perdu dans le dédale de la dépendance, dans la quête d'amour maternel ou de reconnaissance, à travers la lutte pour une cause, s'exprime à mon sens la grandeur de l'Homme dans la douleur et notre capacité à manifester le meilleur de nous-mêmes quand nous cherchons à nous dépasser.

Mon souhait est de m'inspirer de cette grandeur en vous, de garder quelque chose de votre force près de moi, toujours.

Merci.

GARANT DES FORÊTS
INTACTES

L'impression de cet ouvrage sur papier recyclé a.permis de sauvegarder l'équivalent de 12 arbres de 15 à 20 cm de diamètre et de 12 m de hauteur.